Soy tímido
y vergonzoso

María Inés Monjas Casares

Soy tímido y vergonzoso

EDICIONES PIRÁMIDE

Primera edición: septiembre, 2025

© María Inés Monjas Casares
© Ilustraciones: Nerina Vallejo
© Ediciones Pirámide (Grupo Anaya, S. A.), 2025
Valentín Beato, 21. 28037 Madrid
Teléfono: 91 393 89 89
www.edicionespiramide.es

PAPEL DE FIBRA
CERTIFICADA

ISBN: 978-84-368-5117-5
Depósito legal: M. 16.493-2025
Impreso en España - Printed in Spain

Índice

Presentación

No hay cosa que más satisfacción produzca a las familias que comprobar que sus hijos crecen sanos y felices, satisfechos consigo mismos, relacionándose con sus amigos, disfrutando y sabiendo afrontar, por ellos mismos y con la ayuda de otras personas, los múltiples y variados retos y desafíos que se van encontrando en la vida. Por el contrario, comprobar que un hijo es infeliz, no tiene amigos, se retrae de la vida social, no disfruta, se encuentra insatisfecho y lo pasa mal y sufre cuando se relaciona, genera un gran desconcierto, inquietud y, en muchos casos, sufrimiento en los padres.

Aunque todos los padres y madres desean lo mejor para sus hijos, cuando tienen un hijo tímido y retraído, generalmente están desorientados, no saben qué hacer, dudan de si lo que hacen es conveniente y, para ayudarle, llegan incluso a hacer cosas que son totalmente inadecuadas.

Leemos...

Estimada profesora:

Tenemos una hija, Cristina, de cinco años que es muy tímida; lo ha sido siempre, pero esto se acentúa cada vez más y lo comprobamos en cada momento cuando comparamos su conducta con la de sus hermanos.

Estamos muy preocupados porque, aunque nos dicen que no es nada importante y que cambiará con la edad, no sabemos qué hacer. Creemos que no le pasa algo muy malo porque ella, a su manera, hace la vida normal de una niña de su edad, pero vemos que no es feliz como lo son sus hermanos, que se ríen y están todo el día deseando estar con sus amigos, y esto cada día nos angustia más. Hemos probado distintas cosas, desde dejarla a su aire hasta obligarla, pero vemos que no nos dan resultado.

¿Qué cree usted que podemos hacer?, ¿dónde podemos pedir ayuda especializada para que nos orienten?

(Extracto de uno de los correos electrónicos de los padres de Cristina.)

¿Por qué este libro?

Son principalmente tres las razones que nos han llevado a escribir este libro.

En primer lugar, el olvido y el descuido sobre este tema, ya que se le presta muy poca atención profesional y divulgativa.

En segundo lugar, la necesidad de informar y sensibilizar a las familias y al profesorado, ya que existen creencias erróneas y falsas expectativas respecto a las conductas de timidez y se piensa que es algo pasajero y transitorio que disminuirá y desaparecerá con el tiempo o que es un problema que mejorará con la edad; y por ello no se suele buscar ayuda ni atención educativa o psicopedagógica.

> ## Leemos...
>
> Siempre he estado en segundo plano, olvidado por todos, incluso por los profesores, que pasaban de mí, porque yo no les daba problemas, ya que siempre obedecía y hacía lo que me mandaban. No se daban cuenta de que yo estaba pidiendo ayuda a gritos.
>
> (Estudiante de Bachillerato.)

Sin embargo, un niño no nace tímido; lo aprende a lo largo de su desarrollo evolutivo. La conducta del niño no es algo meramente individual, sino que tiene que ver con lo que ocurre a su alrededor y con lo que hacen, o dejan de hacer, las personas que le rodean en su contexto interpersonal más cercano. Madres, padres y otros familiares intervienen de manera decisiva en este período de edad.

La tercera razón es que las investigaciones actuales evidencian que la timidez, cuando persiste en este período evolutivo, es un problema que causa malestar y sufrimiento al propio niño, niña o adolescente, y puede constituir una seria dificultad para su desarrollo sociopersonal, llegando a ser factor de riesgo que predice problemas emocionales y sociales en la adolescencia y en la vida adulta.

Destinatarios

Esperamos que este libro sirva de ayuda a familias y a profesionales:

- Familias de niños y adolescentes tímidos y retraídos, que les cuesta relacionarse con los demás, que tienen pocos amigos y escasa vida social con sus iguales.

- Familias en general como forma de mejorar su competencia parental y, por tanto, como estrategia de prevención de problemas de timidez y retraimiento social de sus hijos.

- Profesionales que trabajan con niñas, niños, preadolescentes y sus familias: profesorado, psicólogas, psicopedagogos, orientadores escolares, logopedas, pediatras, cuidadores, educadores sociales, y monitores de actividades deportivas y de ocio, entre otros. Los estudiantes de estas carreras encontrarán orientaciones para incorporar a su rol profesional determinadas estrategias para prevenir y actuar con niños, niñas y preadolescentes tímidos.

Objetivos

Los objetivos principales que se pretenden son:

1. Sensibilizar a familias y profesionales para dar a la timidez la importancia que tiene.

   o Motivar a las familias para que reflexionen y encuentren respuestas a algunas preguntas que se hacen sobre sus hijos retraídos y vergonzosos.

   o Hacer conscientes a las familias de las dificultades de un hijo tímido.

   o Estimular su interés para que se impliquen y tomen las riendas para enseñar conductas interpersonales a sus hijos tímidos, pero también a los que no lo son.

2. Informar, orientar y asesorar.

   o Informar de las características, implicaciones y consecuencias de la timidez.

   o Aprender a detectar e identificar estas conductas en el contexto familiar y social.

   o Conocer recursos y estrategias para mejorar la vida de las niñas y niños tímidos.

   o Aprender distintas habilidades para ayudar a cambiar la conducta del niño tímido.

En síntesis, se trata de enriquecer las competencias parentales para ser eficaces en la educación de un hijo tímido y poder abordar los problemas actuales y prevenir futuras dificultades. Esto seguramente supone un cambio en la forma de ejercer las funciones y conlleva aprender y practicar otras formas de pensar, sentir y actuar respecto a vuestros hijos e hijas.

Estructura del libro

El libro consta de cuatro capítulos. El capítulo 1, «¿Qué significa ser un niño tímido?», trata de aclarar el concepto de timidez en la infancia, diferenciándolo de conceptos similares y ofrece una visión general de la timidez. El capítulo 2, «¿Qué le pasa al niño tímido?», describe, de forma detallada, el perfil conductual del niño tímido referido a lo que hace o dice, piensa y siente. El capítulo 3, «¿Por qué se es tímido y qué riesgos y consecuencias tiene?», aborda el desarrollo emocional y social en la infancia, las causas y el desarrollo de la timidez, los problemas que lleva asociados y la estabilidad y futuras consecuencias de la timidez. El capítulo 4, «¿Cómo puedo ayudar y acompañar a mi hijo tímido?», ofrece orientaciones y sugerencias concretas para las familias. A partir de la reflexión en la familia y la toma de decisiones respecto a la dedicación con su hijo tímido, se plantean los objetivos a lograr. Y, con una intención eminentemente práctica, se ofrecen unas líneas generales y se recomiendan diversas actividades para que las familias puedan ayudar a hijas e hijos con problemas de timidez y retraimiento.

Todos estos contenidos han de entenderse como orientaciones y recomendaciones para poder utilizarse en un amplio espectro de conductas de timidez y retraimiento social en infancia y adolescencia, pero cada padre, madre o profesional ha de contextualizarlos y ajustarlos, seleccionando los que le parecen más apropiados y oportunos para su caso concreto. Nuestro consejo es que se haga una lectura activa del libro y se vayan anotando y poniendo en práctica las sugerencias que se aportan.

Como rápidamente apreciarás, este es un libro lleno de cuestiones, muchas de las cuales están recogidas de las que han planteado estudiantes, profesionales y familias en charlas, cursos y consultas. Queremos estimular a que cada persona, familiar, profesional o estudiante reflexione y se haga sus propias preguntas. A muchas daremos respuesta; son las contestaciones que da la ciencia y las derivadas de la experiencia profesional, pero además queremos que cada persona busque sus propias respuestas.

A lo largo del desarrollo del libro se presentan *casos y ejemplos* con el objetivo de facilitar y hacer más reales los contenidos. Estas historias están «construidas» basándonos en ejemplos reales y utilizando testimonios y frases textuales de las y los implicados.

Para un adecuado aprovechamiento te pedimos que vayas leyendo el libro tranquilamente desde el principio y en el orden escrito y que vayas haciéndote las preguntas que planteamos. Y como madre o padre preocupado y responsable esperamos que analices, reflexiones y vayas incorporando a tu repertorio de conductas aquello que te parece más adecuado para ti, tu familia y tu hijo o hija.

Este libro a veces está redactado en singular porque es una persona la que lo va leyendo; otras veces usamos el plural porque es aconsejable que fueran varias personas (madre y padre, padre y abuela, cuidadora...) las que lo lean simultáneamente, para poder comentar, contrastar puntos de vista, debatir dudas y buscar estrategias de actuación conjunta. Seguro que saldrán ideas valiosas.

Algunas aclaraciones previas

Antes de empezar, es necesario hacer unas aclaraciones:

- No hay timidez, sino niños, niñas y adolescentes tímidos, ya que el retraimiento no se presenta de modo uniforme, y cada niño tímido es un mundo con sus peculiaridades y características concretas; por eso, aunque hablamos de ser tímido, nos referimos a tener una conducta tímida y retraída.

- Nos centramos en niños y preadolescentes tímidos. Estos últimos, los denominados *tweens*, que tienen entre 11 y 13 años aproximadamente, en conjunto pertenecen a las etiquetadas como *Generación Alfa y Beta*, que son nativos digitales que están creciendo con inteligencia artificial y tecnología y se desarrollan en la era de la hiperconectividad. Sus relaciones interpersonales están mediadas en gran medida por plataformas digitales y entornos virtuales y usan diferentes dispositivos personalizados y adaptados a sus necesidades individuales.

- Actualmente en este grupo de edad se constata un incremento de problemas como miedos, ansiedad, ideación suicida y suicidio, autolesiones y aislamiento, entre otros. Por ello, la salud mental y sus problemas son temas relevantes en estas edades.

- Nos referimos a familia en el sentido más amplio del término, teniendo en cuenta el profundo cambio que, en los últimos tiempos, ha experimentado en su estructura y funcionamiento:

  o Madres y padres añosos, retraso en la edad de tener hijos y disminución del número de hijos por mujer en edad fértil.

  o Incluimos no solo la nuclear tradicional constituida por padre-madre-hijos, sino el amplio abanico de diversidad de familias, como pueden ser monoparental, homoparental, reconstituida o enlazada, de padres separados, adoptiva, de acogida, multinuclear, unipersonal, LAT *(living apart together)*, que viven aparte y no comparten domicilio, entre otras.

  o Tenemos en cuenta las posibles tipologías de infantes con los que ha de tener relación el niño o niña tímidos: hermanos, hermanastros, medio-hermanos, otros.

- o Consideramos también la importancia de la familia extensa con abuelos, tías, primos, cuidadores y todas las personas que inciden en la vida cotidiana de infantes y preadolescentes.

- Nuestro interés se centra en aquellos problemas de timidez y retraimiento social que pueden abordarse desde el contexto normalizado familiar y/o escolar. Pero, cuando el problema es grave y/o está causando dificultades importantes al niño y a su familia, aconsejamos ayuda especializada de profesionales de psicología, psicopedagogía, educación especial, etc. La sola lectura de este libro no puede reemplazar la consulta de un profesional experto en infancia y adolescencia.

- Tenemos en cuenta el riesgo de dificultades emocionales y sociales y el incremento de problemas de salud mental y alteraciones del bienestar en estas edades: soledad, aislamiento, antipatía y enemistad, rechazo y exclusión social, *bullying* y *cyberbullying*, violencias diversas, racismo, intolerancia, homolesbotrasfobia, vínculos tóxicos, miedos, ansiedad, autolesiones, ideación suicida y suicidio, aislamiento social extremo *(hikikomori)*, entre otros.

- Constatamos el incremento de problemas de convivencia, indisciplina, conflictos, disrupción y enrarecimiento del clima social en algunos contextos escolares y en los grupos deportivos, musicales y otros, en los que se mueven infancia y adolescencia.

- Consideramos el contexto social cambiante y la sociedad hiperconectada, globalizada y digital, donde son relevantes las relaciones *online,* la extimidad, la desinhibición *online* y la socialización virtual a través de *youtubers, influencers,* entre otros, y no olvidamos también las peculiaridades de una sociedad líquida, inestable, voluble, que genera incertidumbre por el individualismo y la competitividad.

- Los contenidos que planteamos en este libro son adecuados para familias con un funcionamiento positivo y sin especiales dificultades. Si en la familia existen problemas importantes como malos tratos, violencia, adicciones o psicopatología de los progenitores, será complicado desarrollar con su hijo tímido las orientaciones que aportamos aquí.

- A lo largo del texto utilizamos el género masculino preferentemente (niño, padre, profesor, compañero) para hacer más sencilla la lectura, pero nuestro planteamiento es inclusivo y no sexista.

1
¿Qué significa ser un niño tímido?

Qué hacer

☑ Observa lo que hace bien y alábaselo.

☑ Observa lo que no hace y debiera de hacer para potenciarlo.

☑ Pregúntale qué es lo que le resulta más difícil cuando está con otros niños.

Qué no hacer

☒ Evita la comparación desventajosa con hermanos, vecinos y compañeros.

☒ Evita ponerle etiquetas negativas: soso, cortado, retraída.

☒ Evita ponerle en ridículo por su timidez.

¿Qué consideramos un niño tímido?

Leemos...

— Paula tiene cinco años y cuando va con su padre y con su hermano al parque, siempre permanece sola, al lado de su padre, mirando a los niños que juegan, pero no participa en sus juegos. Cuando otro niño se acerca y le dice algo, ella se retrae y echa a correr hacia su padre. Cuando una persona adulta le pregunta algo, baja la cabeza y se mete entre las piernas de su padre... y le dice que se quiere ir a casa.

— Leo tiene nueve años y es un chico listo e inteligente que saca muy buenas notas, aunque, en opinión de sus madres, no estudia mucho. Se pasa el día en su habitación con la tableta, el ordenador, las maquinitas o las construcciones. Lo malo es cuando tiene que estar con la gente; entonces se pone nervioso, está incómodo, se quiere ir y pone disculpas para marcharse enseguida. Solo está a gusto con un primo suyo, que es un año menor, y con el que juega y se divierte algunos fines de semana.

— Frida tiene 13 años y está en la ESO. Sus padres relatan que en casa es muy callada y no se comunica más que lo estrictamente necesario. «Siempre ha sido una niña muy callada, que no contaba muchas cosas y a la que le gustaban las actividades solitarias: las TIC y las redes sociales, la lectura y la música... Pero ahora, aunque yo le hago muchas preguntas, no podemos sacarle nada», dice su madre. Apenas sale de casa y no tiene amigas. La orientadora del centro les ha llamado porque en este trimestre ha pegado un bajón en las notas. La tutora del instituto señala que está ausente y muy rara y no participa en las actividades grupales.

Paula, Leo y Frida tienen algo en común: independiente de su edad, sexo, historia personal o familia, presentan dificultades para relacionarse con sus iguales y para participar en la vida social; evitan el contacto, se retraen, temen a los demás, se sienten incómodos y lo pasan mal cuando están con otras personas. Podemos decir que Paula, Leo y Frida son tímidos, vergonzosos, retraídos o cualquier otro de los términos sinónimos que se utilizan.

Aprendemos...

Consideramos tímidos a niñas, niños y preadolescentes que generalmente se relacionan poco con otras personas, que interactúan con sus iguales menos frecuentemente que lo que es habitual en su grupo de edad y lo hacen además con incomodidad y cierto temor y recelo, por lo que con frecuencia tienden a reducir o evitar el contacto interpersonal y algunas situaciones sociales.

Para tener un concepto más claro de lo que significa ser un niño o preadolescente tímido es importante tener en cuenta cuatro aspectos que tienen que ver con la conducta tímida y retraída:

1. El niño tímido se relaciona poco con otros niños y niñas

Tiene escasa interacción social y se relaciona menos de lo que es habitual en su edad; en general tiene pocos amigos y es poco sociable; permanece mucho tiempo solo o relacionándose, casi exclusivamente, con una o dos personas. También interactúa poco con los adultos, especialmente cuando son desconocidos o le resultan poco familiares.

Es por este motivo por el que la timidez se considera un problema de relaciones interpersonales, ya que los tímidos presentan dificultades en su trato cotidiano con los demás y no interactúan adecuadamente con sus compañeros ni con los adultos; mantienen relaciones insuficientes e insatisfactorias.

En este punto conviene poner de relieve que el niño tímido es poco sociable, pero sí le gustaría serlo y poder estar con otros; le encantaría relacionarse más y con más soltura y espontaneidad, como lo hacen sus colegas y amigos. Se siente impulsado a aproximarse a otros, quiere jugar, charlar y estar con sus compañeros, pero esta tendencia simultáneamente es inhibida por otra de evitación de las situaciones interpersonales.

A veces trata desesperadamente de integrarse en los grupos, pero como no sabe cómo hacerlo, le cuesta y está asustado y agobiado. Envidia a los demás, que muestran soltura relacionándose, conversando, riéndose y gastándose bromas con los iguales.

2. El niño tímido se relaciona con cierto temor y recelo

Los niños tímidos no disfrutan de los contactos sociales y eso se les nota, ya que cuando están con gente están incómodos, pasan apuros, se muestran cortados, vergonzosos, inseguros, nerviosos y temerosos, se ponen colorados, sudan, tartamudean y lo pasan mal.

El miedo a la evaluación social se refiere a un temor a ser considerados negativamente por las demás personas, no solo los extraños y desconocidos, sino también y fundamentalmente los conocidos. Presentan un componente de temor al juicio negativo que le hacen, o pueden hacer, y perciben como situaciones de valoración cualquier circunstancia, aunque sea cotidiana y familiar. Esta timidez, en situaciones familiares, es preocupante, pero no alarmante. Tienen ansiedad social entendida como miedo a otras personas, temor en las situaciones sociales y miedo a la evaluación negativa, lo cual hace que no se sientan a gusto, Y esta inquietud interfiere y entorpece su actuación.

Leemos...

— María, seis años, cuando coincide en el ascensor con algún vecino, se mete entre las piernas de su madre, y no quiere mirar ni hablar. Su madre dice: es muy tímida.

— Esta tarde, Carlos, 12 años, volvía de hacer un recado, cuando se le acercó un chico de su instituto, pero de otra clase y le empezó a hablar. Carlos se puso nervioso y echó a correr sin apenas decirle nada.

— Rosa, nueve años, no se atreve a hacer una pregunta en clase, ¡aunque son 13 alumnos y llevan juntos tres cursos!

— Pablo, 10 años, lo pasa fatal y se corta para saludar a su prima, ¡a la que ve todos los fines de semana!

3. El niño tímido tiende a evitar los contactos interpersonales y las situaciones sociales

Como lo pasa mal cuando está con la gente, se retrae, se aísla y procura evitar el contacto social para librarse y eludir el malestar y la incomodidad, y por eso prefiere estar solo. Además, como experimenta fracaso en situaciones sociales, las evita en lo sucesivo.

4. El niño tímido actúa generalmente de esta manera

No es que el niño tímido se inhiba o se retraiga ocasional o esporádicamente, sino que eso ocurre de forma bastante estable y generalizada, en muchas situaciones, especialmente si son desconocidas o nuevas, con distintas personas y con más frecuencia y mayor intensidad y duración.

En el apartado «Es normal cuando... Es problema cuando... Es alarmante cuando...» se incide en este aspecto.

¿Qué es y qué no es ser un niño tímido?

Aunque en principio todos sabemos, por nuestra propia experiencia, a qué nos referimos cuando hablamos de conductas de timidez y retraimiento, vamos a detenernos a delimitar este concepto.

La palabra timidez alude a un conjunto de fenómenos diversos y, en cierto modo, confusos que hemos de aclarar si queremos dar cuenta de la complejidad y las múltiples facetas del comportamiento tímido y solitario en la infancia y preadolescencia. Además, aparece asociado con otros como *retraimiento, inhibición, introversión, aislamiento, soledad y baja sociabilidad*. Y coloquialmente se habla de: cortado, parado, soso, vergonzoso, cohibido, indeciso, introvertido y poco sociable.

Estos términos se utilizan de forma bastante arbitraria, a veces como sinónimos («Begoña es tímida e inhibida»), otras veces aludiendo a realidades diferentes («Ángel es tímido, pero es sociable»), en otros casos con definiciones circulares («Mi hija es tímida porque se retrae cuando está con gente; la verdad es que es retraída porque es muy tímida»). Por ello, en los siguientes párrafos vamos a acotarlos, siendo conscientes de que la tarea no es fácil, ya que, según veremos con posterioridad, entre ellos existen relaciones y cierto significado compartido.

Tímido viene del latín *timidus*, que quiere decir temeroso. Las siguientes son palabras afines, que se usan habitualmente cuando se habla de timidez.

Aprendemos...

TIMIDEZ. Cualidad de tímido.
- Tendencia por parte de la persona a sentirse incómoda, inhibida, torpe y muy consciente de sí misma en presencia de otras personas.
- Cortedad, vergüenza, reserva, retraimiento, cobardía.

TÍMIDO
- Temeroso, medroso, encogido y corto de ánimo.
- Apocado, cobarde, inhibido, insociable, introvertido, pusilánime, receloso, reservado, retraído, solitario, timorato.

RETRAÍDO
- Que gusta de la soledad. Poco comunicativo, corto, tímido.
- Solitario, huraño, insociable, reservado, introvertido.

INTROVERTIDO
- Dado a la introversión.
- Retraído, introspectivo, reservado y distante con la gente.

SOLITARIO
- Solo; sin compañía.
- Retirado, que ama la soledad o vive en ella.
- Huraño, retraído, insociable, tímido, huidizo, esquivo, retirado, solo.

VERGONZOSO
- Que se avergüenza con facilidad.
- Retraído, insociable, tímido, huidizo, esquivo.

INHIBIDO
- Que se muestra cauteloso y evita situaciones nuevas o desconocidas.
- Contenido, reprimido.

Niños poco sociables y solitarios

La persona, desde que nace, se siente atraída por otras personas, más que por objetos o animales. Sin embargo, hay diferencias entre las distintas personas, incluso entre los bebés recién nacidos, y se puede establecer una diferenciación en el grado de sociabilidad y gusto por estar con los demás; hay personas muy sociables y otras que lo son poco.

Se habla de *baja sociabilidad* para referirse a los niños y niñas que tienen una escasa motivación por estar con los demás; muestran una baja tasa de interacción social y una alta tasa de actividad solitaria y se relacionan poco con otras personas, simplemente porque prefieren más estar solos. Son poco sociables y solitarios, pero no tienen problemas cuando quieren interactuar con otros y no son tímidos. La escasa sociabilidad se refleja en una menor exposición a situaciones sociales; por ejemplo, no les gusta ir a fiestas y prefieren quedarse leyendo un libro o jugando con la tableta, pero si tienen que ir, están bien con la gente y no lo pasan mal. Aquí radica la diferencia entre los poco sociables y los tímidos. En los poco sociables, su baja interacción no va acompañada de ansiedad social, mientras que sí se asocia con el temor y el recelo.

> - *Los niños tímidos son poco sociables.*
> - *No todos los niños poco sociables son tímidos.*
> - *Niñas y niños tímidos se relacionan poco, pero les gustaría relacionarse más.*

Niños agresivos, niños asertivos y niños inhibidos

En las relaciones interpersonalesse describen tres posibles estilos de relación interpersonal: agresivo, asertivo e inhibido.

El **estilo agresivo** se caracteriza porque se defienden los propios derechos y se expresan los propios pensamientos, sentimientos y opiniones, por encima de las demás personas. Es un estilo *autoritario* y *dominante*. La persona agresiva no respeta a las y los demás.

El **estilo asertivo** implica que se expresan los propios sentimientos, necesidades, derechos y opiniones, pero respetando los derechos de las demás personas. La persona asertiva dice lo que piensa y siente y escucha a los demás; tiene confianza en sí misma; se respeta y respeta a los y las demás.

El **estilo inhibido** se caracteriza porque no se expresan los propios pensamientos, emociones y opiniones, o se hace con falta de confianza. Es un estilo *pasivo, conformista y sumiso*. La persona inhibida no se respeta a sí misma ni se hace respetar. Este estilo de interacción es el que caracteriza a niños y preadolescentes tímidos.

Para concretar más estos conceptos, en el siguiente cuadro se incluyen los aspectos más relevantes de los estilos de relación agresivo, asertivo e inhibido, en lo referente a conducta no verbal, conducta verbal y a los efectos y consecuencias que produce.

Aprendemos...

AGRESIVO Lucha	ASERTIVO Intercambio	INHIBIDO Huida
Dominante, autoritario mandón, pegón.	Igualitario, amistoso, respetuoso.	Sumiso, tímido, vergonzoso, cobarde, conformista.
Agresión física, verbal, gestual...	Diálogo. Solución de problemas. Reciprocidad.	Escape. Evitación.
Orientación contra los demás.	Orientación hacia y con los demás.	Orientación fuera de y alejado de los demás.
Estar y quedar por encima.	Relaciones entre iguales.	Plano de inferioridad.
Manipula a los demás.	Ni manipula ni se deja manipular.	Se deja manipular.

Es preciso considerar los riegos que tienen los niños y preadolescentes tímidos, porque los compañeros agresivos y dominantes pueden aprovecharse de ellos, creándose un vínculo tóxico de dominio-sumisión.

Aprendemos...
Esquema dominio-sumisión

Un niño o niña agresivos		Un niño o niña inhibidos
Manda		Obedece
Decide		Ejecuta
Domina		Se somete
Exige		Acata
Pide	➡	Complace
Abusa		Se conforma
Manipula		Consiente
Avasalla		Se subordina
Acosa		Se inhibe
Es independiente		Es dependiente
Es superior		Es inferior
Es prepotente		Es impotente

Todas las personas generalmente utilizamos los tres estilos y, dependiendo de la situación, nuestros intereses y los interlocutores nos mostramos agresivos, asertivos o inhibidos. Sin embargo, cada persona utiliza uno de los estilos de forma más habitual y frecuente. Y se afirma que hay personas agresivas, asertivas o inhibidas.

De los tres estilos, focalizamos la atención en el pasivo o inhibido, porque los infantes tímidos despliegan mayoritariamente este modo en sus relaciones con los demás.

La conducta pasiva o inhibida es un estilo de huida y también de sumisión. Implica la violación de los propios derechos al no ser capaz de expresar, de forma segura, emociones, pensamientos y opiniones, o expresándose de una manera autoderrotista, con disculpas y falta de confianza, de tal modo que los demás puedan fácilmente no hacer caso. **La persona inhibida** es introvertida, reservada, no consigue sus objetivos, se encuentra frustrada, infeliz y ansiosa, ya que permite a los otros elegir por ella; no defiende sus derechos a fin de no deteriorar las relaciones con las otras personas y presenta conductas de sumisión, esperando que la otra persona capte sus necesidades, deseos y objetivos. El niño o preadolescente que sistemáticamente muestra conductas de pasividad y retraimiento sufre consecuencias negativas, se encuentra descontento y se valora poco y los demás acaban tratándole injustamente.

En este texto usamos el término *retraído* como sinónimo de tímido, ya que en efecto el niño tímido se retrae de la dinámica interpersonal, y también usaremos *inhibido,* ya que un alto porcentaje de las interacciones del niño tímido pueden catalogarse como inhibidas y carentes de asertividad.

¿Es la timidez un problema en la infancia?

Los conocimientos actuales de la psicología evolutiva señalan que hay que tomarse en serio y preocuparse por la timidez en la edad infantil y adolescente, y ello por dos importantes razones:

1. **Es un problema en sí mismo**. El niño tímido actúa con incompetencia social y sufre y lo pasa mal. Además, como veremos en el apartado del desarrollo social y las relaciones entre iguales, pierde oportunidades de relacionarse y no adquiere aprendizajes relevantes que solo se adquieren en la interacción con los iguales.

2. **Se considera factor de riesgo de problemas socioemocionales para el futuro**. La conducta inhibida y muy retraída es característica definitoria y síntoma de diversos trastornos psicológicos en la infancia y adolescencia; por ejemplo, en la fobia social se encuen-

tran antecedentes de timidez en la infancia y aislamiento en la adolescencia.

Se sabe también que el retraimiento social en la infancia tiene futuras consecuencias negativas. Los estudios longitudinales con niños tímidos a los que se ha seguido hasta la adolescencia y vida adulta evidencian que el retraimiento social en estas edades predice dificultades posteriores, como son los problemas emocionales y de personalidad. Además, se aprecia cierta estabilidad y, si no se interviene de forma temprana y eficaz, la timidez perdura. Si no se hace nada es bastante probable que el niño tímido se convierta en un adolescente tímido, después pase a ser un joven tímido y más tarde un adulto tímido. Todo esto se verá más detenidamente en el capítulo 4.

Pero no siempre es un problema

La timidez es un sentimiento universal que, en mayor o menor medida, todas las personas experimentamos en distintas ocasiones a lo largo de nuestra vida. Todos nos mostramos retraídos en determinadas situaciones; alguna vez tenemos miedo a la evaluación negativa que puedan hacernos otras personas, nos preocupamos cuando no nos consideran o cuando creemos y sospechamos que no vamos a dar la talla en una situación que nos importa.

La ansiedad social y el temor a otras personas son mecanismos de activación normal que sentimos en algunas situaciones interpersonales que nos parecen complejas. En las personas seguras y asertivas esta ansiedad se reduce en los primeros momentos de interacción o después de la exposición repetida a la misma o parecida situación atemorizante.

En psicología evolutiva se habla del «perfil del recién llegado» para referirse a lo que hace un niño cuando llega por primera vez a un grupo de iguales. Inicialmente su comportamiento es retraído y cauteloso, y observa pasivamente; actúa tímida y tentativamente para conocer las normas del grupo, y es después de un período inicial cuando estos comportamientos van desapareciendo a medida que el recién llegado se va integrando en el grupo. Lo importante es que esta conducta tímida inicial tiene un propósito funcional, ya que es un período de alerta y observación que le puede resultar útil.

Por lo tanto, la conducta de timidez no es necesariamente desajustada, ya que puede tener una función protectora y adaptativa en determinadas situaciones, principalmente como miedo transitorio a lo desconocido, lo que ayuda a afrontar situaciones interpersonales nuevas y/o difíciles.

Es normal cuando... Es problema cuando... Es alarmante cuando...

Es normal, adaptativo y útil retraerse, mostrarse tímido y experimentar cierto nerviosismo en algunas situaciones.

Las personas «no tímidas» tienen episodios de timidez de forma puntual y esporádica y principalmente en **situaciones nuevas, difíciles, ambiguas o importantes**. Los siguientes son ejemplos de situaciones en las que es normal sentir ansiedad y nerviosismo:

- Mila, 11 años, va a hacer en clase una dramatización junto al chico que le gusta.
- Leonardo, nueve años, tiene que cantar ante unos señores amigos de sus padres que acaba de conocer.
- Carmela es nueva en el instituto. Es el primer día de clase y no conoce a nadie. La profesora le ha explicado que la tarea inicial consiste en presentarse ante la clase, ¡y hacerlo de una manera original!

Algunos aspectos positivos que pueden acompañar a la conducta de timidez son prudencia y reserva, aunque actualmente, en una sociedad desinhibida, parezca que hay que erradicarlos a toda costa. Por ello, es preciso diferenciar la timidez de conductas de vergüenza adaptativas en determinadas situaciones interpersonales.

Es un problema y ha de preocupar cuando la niña o niño muestra timidez durante más tiempo, en más situaciones y con mayor frecuencia e intensidad de lo que es habitual en su edad.

Los niños tímidos adoptan el patrón conductual del «recién llegado» y lo mantienen durante mucho tiempo, comportándose como si fueran nuevos, sin lograr integrarse plenamente en la interacción con otro niño o niña o con el grupo. Y precisamente en esto radica una de las diferencias principales entre lo que puede considerarse un retraimiento normal, que es útil para el manejo y la adaptación en situaciones interpersonales nuevas y/o difíciles, y el que persiste con el paso del tiempo.

> Pablo ha ido a un campamento y sigue estando retraído y temeroso después de cinco días, cuando ya todos los compañeros están integrados y han hecho nuevos amigos.

Hay que tener en cuenta que la conducta tímida puede contemplarse a lo largo de un continuo donde existe una graduación en el nivel de severidad, encontrándonos desde dificultades leves y problemas moderados hasta trastornos más serios y patológicos. En este extremo se encontraría como componente de la «fobia social», trastorno psicológico con entidad propia.

El miedo a las situaciones sociales en algunas personas persiste en distintos grados: desde inhibición en algunas situaciones sociales específicas (hablar en público, relacionarse con desconocidos…), hasta la evitación y la huida de las relaciones interpersonales. Es decir, desde una mera y leve molestia puntual, hasta un grave trastorno.

Sí es necesario dejar claro que los niños tímidos presentan *ansiedad social no clínica*, limitada a algunas situaciones interpersonales, de tal suerte que pueden encontrarse incómodos en las relaciones sociales, pero su funcionamiento social o escolar no está gravemente afectado.

En la timidez el grado de malestar puede ser incluso fuerte, con un cierto perjuicio al bienestar personal, hay una molestia e incomodidad y se pasa mal, pero no es incapacitante en el sentido de que no interfiere notablemente con el progreso escolar y la adaptación social de la criatura; el funcionamiento cotidiano *no está excesivamente* afectado. Es esto precisamente lo que la diferenciará de otros problemas que sí conllevan un acusado deterioro de las actividades sociales y se acompañan de malestar clínico significativo, como es el caso de la fobia social.

Es alarmante cuando la timidez va a más y no es específica de una situación nueva o difícil, ni es transitoria, sino que se hace crónica y generalizada.

La *fobia social* supone la presencia de ansiedad social clínicamente significativa; conlleva acusado deterioro de las actividades del niño y por supuesto interfiere seriamente con el progreso académico y la adaptación social; la ansiedad no guarda relación con la situación o con la amenaza y no se extingue a pesar de la repetición de las situaciones temidas; el miedo persiste hasta la evitación de casi toda nueva relación.

Pero es complicado establecer el límite entre la timidez normal, la que es un problema y ha de preocupar, y la que puede constituir un trastorno psicopatológico y debe alarmar, porque en la consideración intervienen distintas variables como son la edad, la historia personal del problema concreto o el grado de malestar y desajustes. Por ello, ante cualquier duda es aconsejable acudir a un psicólogo especialista, que procederá al diagnóstico y evaluación de la situación individual y concreta y determinará la gravedad y conveniencia o no de tratamiento especializado.

Aparición de la timidez

Se consideran dos formas de aparición de la timidez. La primera se refiere a los niños que son tímidos desde siempre; desde bebés su conducta ha sido más inhibida de lo habitual. La segunda ocurre cuando, en un momento determinado, la niña que había tenido una conducta social aparentemente normal empieza a retraerse y a mostrar conductas de timidez en algunas situaciones.

Un factor importante a tener en cuenta es la edad en la que empieza a manifestarse. En la temprana infancia, la actividad solitaria exploratoria no debe preocupar; sin embargo, sí lo es en la infancia media y tardía. Está comprobado que hasta aproximadamente los 10 años algunos niños pueden jugar bastante solos y se les etiqueta como «solitarios», pero nada más.

No es lo mismo la timidez en la infancia temprana que en la media o en la adolescencia. Actuar de forma retraída y tímida no tiene el mismo significado en una niña de tres años en su primera experiencia escolar, en un niño de nueve años que llega a un campamento de verano o en una chica de 13 años en el comienzo de curso en un nuevo instituto.

Es preciso señalar que cuanto más pronto surge la conducta de inhibición y timidez, más se altera y bloquea el desarrollo social normal.

En el capítulo 3, ¿Por qué se es tímido?, se aborda detenidamente el tema de los orígenes y las causas de la timidez.

¿Dónde, con quién, cuándo se manifiesta la timidez?

En general, la timidez se desencadena y/o acrecienta por:

a) Novedad de la situación.
b) Desconocimiento de las personas con las que hay que interactuar.
c) Anticipación de evaluación social negativa o insuficientemente positiva.

Las situaciones que no están estructuradas, que son en cierto modo ambiguas y demandan un comportamiento espontáneo e imprevisto son bastante complicadas y suelen originar cierta ansiedad social. El que aparezcan personas desconocidas también activa reacciones de retraimiento. En la infancia son especialmente difíciles los encuentros sociales nuevos, sobre todo si el niño tiene que ser el centro de atención y se va a sentir evaluado, juzgado y observado.

> — En la clase la profesora hace preguntas y el alumno tiene que salir al encerado a contestar, delante de sus compañeras y compañeros.
> — Unas mamás van por la calle de paseo con su hija y se encuentran a unos amigos que empiezan a preguntarle cosas y a mirarla, pidiéndole que se dé la vuelta para ver lo que ha crecido.

No obstante, hay que considerar que cada niño tímido es un mundo y será por ello necesario observar qué personas y qué situaciones le generan respuestas de timidez, aunque, como hemos indicado previamente, los niños tímidos experimentan sentimientos de malestar e incomodidad en muchas otras situaciones interpersonales. También es pertinente señalar que, en algunos casos, se muestra tímido en unos contextos, pero no en otros; se puede ser vergonzoso en la escuela y no serlo en la familia, pasarlo mal en una fiesta de cumpleaños con desconocidos, pero manejarse mejor con sus primas en casa jugando.

Leemos...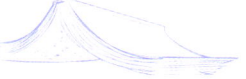

Mi hija Noemí es una niña lista e inteligente, si se la compara con los niños de su edad, pero es exageradamente tímida fuera de casa. Con nosotros y con su hermanito de dos años es alegre, ¡habladora!, y muy mandona, pero cuando salimos se retrae, no habla, se pega a mis faldas, se esconde y no levanta la cabeza. Desde luego son dos niñas distintas, la de fuera y la de dentro de casa.

Me preocupa que todos los niños del bloque bajan al parque y ella raramente lo hace; la vienen a buscar y siempre se niega y pone disculpas.

> Cuando algún día logramos que baje, enseguida encuentra un motivo para subirse (ir al servicio, tiene un hambre atroz...).
>
> Un problema añadido es que su padre y yo no estamos muy de acuerdo respecto al método a utilizar para afrontar este problema; el padre es más estricto y autoritario y afirma que lo que Noemí necesita es mano dura; yo soy mucho más permisiva y opino que, poco a poco, se irá abriendo. Para colmo la abuela pasa seis meses al año con nosotros y es un elemento más de discordia respecto a qué hacer.
>
> (Madre de Noemí, siete años.)

A veces los padres se sorprenden cuando educadoras y profesorado les dicen que su hija es muy tímida en la guardería, ya que en casa no lo es. En general se suele mostrar más timidez en el colegio que en casa, pues en el contexto escolar hay más variedad de personas y situaciones. El niño tímido se relaja en un contexto donde se encuentra más seguro y más cómodo, como es con su familia en casa.

¿Cómo se explica la timidez habitualmente?

Las principales explicaciones que se utilizan en la vida cotidiana para justificar el que un niño se comporte tímidamente son las siguientes:

a) **La herencia**. «Ha salido a su madre; es igual de vergonzosa que ella». «Es como su abuelo, que nunca se atrevía a nada fuera de casa». Estas creencias conllevan actitudes fatalistas en la línea del siguiente razonamiento: como es como su madre, nada se puede hacer.

b) **El destino**. Hay familias que creen firmemente que su hijo ha nacido así, es así, no hay nada que hacer y se resignan a ello. «El mayor es muy abierto y sociable, pero este pequeño es muy tímido y no se hace con nadie; ¡qué le vamos a hacer!, cada uno es de una manera». «Es así de cortado, ¡hay que tener paciencia!».

En estos casos, el niño tímido llega a pensar también que ha nacido así y no se plantea cambiar; puede incluso acrecentar sus problemas al compararse con los otros «que no han nacido así».

c) **Un evento traumático**. «Desde que la llevé a la guardería, esta niña se metió en sí misma y no es lo que era».

En el capítulo 3 se discuten y analizan detenidamente el origen y los determinantes de la conducta de timidez.

¿Por qué no se presta atención a las conductas de timidez?

La timidez en la infancia es un tema que está poco estudiado, porque no suscita interés debido a ciertas ideas, creencias y errores que se tienen.

a) No se cataloga como un problema: el niño tímido no da problemas

Ocurre que en la timidez son preponderantes los comportamientos internalizados, los que se expresan «hacia dentro», que tienen como destinatario al propio niño y, por tanto, no se perciben claramente desde fuera, ya que no alteran ni perturban el contexto donde se producen. Cuando estas conductas son de matiz negativo, la persona lo pasa muy mal y sufre, ¡aunque no se le note! Un ejemplo de conducta internalizada es decirse a sí mismo cosas como: «Soy un inútil; no sirvo para nada» o «Todas las compañeras son más hábiles que yo en clase».

En el contexto escolar, las y los tímidos pasan desapercibidos y, en muchos casos, el profesorado no los identifica como alumnado con problemas, ya que las conductas que presentan no son perturbadoras; incluso en determinadas ocasiones llegan a ser valorados como buenos alumnos y pueden ser reforzados por su conducta retraída, pues se equipara estar callado con ser un niño bueno y se valora la obediencia y sumisión.

«¿No veis a Pedro lo callado que está?, espero que aprendáis de él»; «Mila también es una niña muy rica, muy tranquila y muy prudente».

Desde luego los problemas internalizados y los comportamientos tímidos y el retraimiento (por ejemplo, no participar en los debates, ponerse nervioso) son calificados como menos graves y suscitan mucha menos atención que los externalizados, que son los que se expresan «hacia fuera», que tienen como destinatarios a los otros y que perturban y alteran el medio en el que se producen (hacer el payaso, hacer ruido, agredir a una compañera, chillar o moverse excesivamente).

b) Creencias erróneas

Se piensa que el comportamiento retraído es algo pasajero y transitorio que disminuirá y desaparecerá con el tiempo, que es un problema que mejorará con la edad o el cambio a otra situación. «Yo era así de pequeña y luego cambié. Es igualito que yo a su edad».

c) Desconocimiento y/o desinterés

Las familias muchas veces no se preocupan por la timidez. Incluso cuando en la guardería o el colegio se lo hacen saber, no le dan tanta importancia y comentan que, en casa, su hijo está a gusto, hecho que suele ocurrir porque el tímido muchas veces tiene un comportamiento bastante normal en el contexto familiar, que es su medio conocido. En otros casos se resignan a tener un hijo con esas características, ya que no alcanzan a conocer los futuros problemas que ello puede conllevar.

Las ideas anteriores muestran por qué las familias de niños tímidos inicialmente no buscan ayuda terapéutica y cuando lo hacen, puede ser tarde. También justifican que, en ocasiones, el profesorado no pide apoyo externo para estos problemas internalizados.

La timidez hoy

Hace pocos años ser un niño tímido, prudente e inhibido era bastante valorado; y más todavía si se trataba de una niña. Sin embargo, actualmente no está bien visto; es más, los modelos sociales que se valoran, principalmente en los medios de comunicación y en las redes sociales en las que actualmente viven y se relacionan niños, niñas y adolescentes, son gente atrevida, osada y notablemente desinhibida.

La visión que tenemos hoy de la timidez puede ser muy diferente en unos pocos años, en función del rumbo que tome la comunicación interpersonal. Y es que produce cierto vértigo comprobar los fuertes cambios que se están produciendo en nuestra sociedad respecto a determinados aspectos de las relaciones interpersonales asociados a la irrupción de las TIC (tecnologías de la información y la comunicación), como lo demuestra claramente el número de teléfonos móviles o el de usuarios de Internet (correo electrónico, chats, foros...) y las redes sociales, porque se está reduciendo notablemente el número de interacciones interpersonales cara a cara, siendo sustituidas por contactos *online* o ciberrelaciones. Hoy hablamos ya de ciberamigos, cibernovios, cibersexo, relaciones virtuales, etc.

Las relaciones interpersonales están experimentando notables cambios porque se tiene menor necesidad de experiencias sociales presenciales cara a cara, por lo que puede ocurrir que los infantes y adolescentes tímidos pueden tenerlo, en cierta medida, menos complicado.

Timidez, cultura, género y otros colectivos

La conducta social se aprende en el proceso de socialización, como veremos en el capítulo 3. Cada grupo social y cada cultura socializan a sus miembros en un estilo de relaciones interpersonales determinado; así, se aprecia cómo en los países mediterráneos son más extrovertidos y sociables que en los países nórdicos.

Por esto, la conducta de timidez tiene diferentes significados en las distintas culturas. Desde luego no es lo mismo ser tímido en China, donde se estimula a los niños a ser discretos y reservados, que en culturas como la occidental actual, que favorece y valora la alta sociabilidad e incluso la desinhibición social y, en consecuencia, penaliza la carencia de competencia social; es más, el comportamiento retraído y tímido tiene connotaciones negativas en nuestra sociedad hoy, donde es visto como desagradable y a veces como irritante.

Tradicionalmente se ha asociado el sexo femenino con el estilo de interacción inhibido y pasivo (complacientes, sumisas, dulces, dedicadas a los demás, obedientes…) y al sexo masculino con el estilo agresivo (conquistadores, luchadores, dominantes, poderosos, competitivos…). Ocurre que en nuestra sociedad sigue existiendo una socialización diferencial en función del sexo, con una asignación de roles diferentes para hombres y mujeres según los estereotipos sexuales. Los agentes de socialización, principalmente familia, escuela, sociedad, medios de comunicación, los iguales, las TIC (tecnologías de la información y la comunicación) educan a las criaturas para que se adecuen a los patrones establecidos de lo que se considera femenino y masculino. Se describe a los dos sexos con estereotipos y atributos simétricos y antitéticos como: pasividad-actividad, miedosa-arriesgado, emotiva-racional.

La pervivencia de estos roles tradicionales fundamenta la constatación de que la timidez en niñas se considera *más aceptable* que en niños. De hecho, el comportamiento tímido es aprobado, y hasta deseable, en una niña o en una mujer. Todavía hoy en día no es lo mismo, ni tiene las mismas connotaciones ser una niña tímida («tan rica, tan mona y tan prudente») que ser un niño tímido («es un parado y no tiene lo que hay que tener»).

Al hablar de timidez hemos de mencionar otros colectivos que, por sus condiciones o situación, pueden experimentar conductas de timidez y retraimiento, entre ellos niños y adolescentes con discapacidades, minorías étnicas y diversidad sexual y de género (lesbianas, gais, bisexuales, transexuales, *queer* y otros, LGBTQ+). Por ello, se ha de ser más sensibles a la detección y prevención de sus dificultades.

Timidez y tecnologías de la información y la comunicación (TIC)

Las tecnologías de la información y la comunicación (TIC) son los recursos, herramientas y programas que se utilizan para procesar, administrar y compartir la información mediante diversos soportes tecnológicos, tales como ordenadores, teléfonos móviles y tabletas, entre otros. Hoy en día es necesario considerarlo como un entorno de socialización equiparable a la familia, escuela o los amigos.

Las redes sociales son plataformas digitales que permiten conectarse, interactuar y compartir ideas, contenidos y experiencias con otros. Son ejemplos: Facebook, Instagram, YouTube, Snapchat, OnlyFans, Teenage, TikTok, WhatsApp, entre otros. Y hay que considerarlas como un importante contexto socializador, ya que los niños y adolescentes conectan con otras personas, comparten experiencias, y reciben validación y aprobación social.

Actualmente las TIC forman parte de la vida familiar y social cotidiana con correo electrónico, wasap y otras aplicaciones. Y los niños de hoy son nativos digitales, lo que supone que las pantallas son elementos cotidianos e imprescindibles en su vida personal, escolar, social y lúdica. Desde bebés ya se les rodea de juguetes que imitan lo tecnológico como un peluche interactivo, el *pequeordenador,* mis primeras teclas o un móvil de plástico, entre otros. Y aunque los datos señalan que los niños españoles tienen su primer móvil en torno a los 11 o 12 años, antes usan esporádicamente el de sus hermanos mayores o el de sus padres, quienes se lo dejan en determinados momentos para entretenerlos.

Ocurre que, para los niños tímidos, que sienten vergüenza y se cortan cara a cara, las relaciones virtuales son más fáciles que las presenciales, por lo que tienen más peligro de hacer un uso abusivo y engancharse; *online* son más extrovertidos y abiertos y pueden llegar a tener más amigos virtuales que presenciales.

¿Mi hijo es tímido?

Si has empezado a leer este libro seguramente es porque sospechas o crees que tu hijo es tímido. Para conocer sus dificultades reales debes saber que las principales formas de obtener información y datos para identificar y determinar si un niño es tímido o no y, en caso afirmativo, evaluar aspectos más concretos de su conducta interpersonal son:

1.   Observando su conducta manifiesta y externa, lo que hace y dice, y también lo que no hace o no dice.
2.   Preguntándole directamente sobre sus dificultades para relacionarse con otras personas.
3.   Hablando con las personas que le conocen e interactúan con él, sus iguales, su hermana, compañeros, primos, vecinos y amigos, y a los adultos, fundamentalmente familia, profesorado y educadores.

En el capítulo 2 se presenta información más detallada que te ayudará a observar a tu hijo. Las personas interesadas en ampliar y profundizar en el tema de la evaluación e intervención de la timidez pueden consultar el libro de Monjas (2001), *La timidez en la infancia y adolescencia: Evaluación, tratamiento y prevención* (Pirámide).

¡Atención a la etiqueta de tímido!

Aunque estés seguro de que tienes una hija o un hijo tímidos, queremos hacer una llamada de atención para que pongas especial cuidado en no utilizar la etiqueta de tímida cuando te refieres a él o a ella. Evita frases como: «No te va a contestar porque es muy tímida». «Se corta mucho con la gente que no conoce; es muy tímido y vergonzoso».

Existen varios riesgos:

a) Es una generalización excesiva, ya que alude solo a una parte de su conducta y se olvidan otros aspectos positivos que tiene tu hijo o hija.

b) Con el tiempo se cumple la profecía y tu hija o tu hijo empiezan a responder y a comportarse tímidamente, pues se les refuerzan las conductas de retraimiento.

c) Se producen además explicaciones circulares: «No habla porque es tímida; es tímida porque no es nada comunicativa».

2
¿Qué le pasa al niño tímido?

Qué hacer

☑ Pregúntale cómo se siente en algunas situaciones.

☑ Pregúntale qué piensa, qué desea, qué le asusta.

☑ Observa qué situaciones le generan ansiedad.

Qué no hacer

☒ Evita actuar por él en situaciones complicadas, prepáralas antes.

☒ Evita reñirle y censurarle por sus conductas de timicez.

- ¿Cómo se manifiesta la timidez?
- ¿Qué síntomas aparecen en la timidez?
- ¿Qué hace el niño tímido que los otros no hacen?
- ¿Qué no hace el niño tímido que sí hacen los otros?
- ¿Qué dificultades tienen los niños tímidos?
- ¿Entendemos las dificultades de los niños tímidos?
- ¿Es verdad que los niños tímidos son miedosos, recelosos...?
- ¿Todos los niños tímidos «se comen mucho el coco»?

Hacer una descripción global de lo que les pasa a los niños y preadolescentes tímidos es muy complejo, principalmente por tres razones. La primera es que, bajo el término de timidez, se cobijan un vasto grupo de conductas. La segunda, porque muchos de estos síntomas no se ven, no se perciben desde fuera, ya que son encubiertos y privados y pueden pasar desapercibidos para cualquier observador externo. La tercera razón, porque no existe la timidez en sí, sino niñas y niños tímidos con conductas retraídas, con sus peculiaridades y características concretas, de forma que unos presentan gran parte de las conductas que señalamos, mientras que en otros solo aparecen algunas. Además, nos encontramos con diferencias en la frecuencia, intensidad, duración y momento de aparición de todos estos síntomas. Podemos afirmar que cada niño tímido es un mundo.

La timidez es un problema complejo constituido por respuestas cognitivas, psicofisiológicas y motoras; por conductas inadecuadas (quedarse parado...), pensamientos distorsionados («no puedo cometer ni el más mínimo error porque sería horrible») y emociones negativas (tristeza, inseguridad, vergüenza...). Por eso, para facilitar la descripción de las conductas de niños tímidos, vamos a diferenciarlas en tres apartados:

- ¿Qué hace o dice?, ¿qué deja de hacer?
- ¿Qué piensa?, ¿qué se dice a sí mismo/a?, ¿qué imagina?
- ¿Qué siente?, ¿qué sensaciones corporales tiene?

Somos conscientes de que, en determinados casos, es muy difícil o prácticamente imposible hacer la separación entre estos tres aspectos y lo hacemos por motivos didácticos. Asimismo, hemos de precisar que las manifestaciones de la conducta tímida dependen en gran medida de la edad y nos vamos a encontrar que, en la primera infancia, hay un predominio de las manifestaciones motoras y psicofisiológicas, lo que hace, dice y sus sensaciones corporales, mientras que, en la preadolescencia y adolescencia, suelen tener mayor relevancia los aspectos cognitivos. En los pequeños, la conducta de timidez habitualmente está relacionada con una falta de habilidades sociales y en los mayores tiene más que ver con la excesiva preocupación por sí mismo y la obsesión por la evaluación negativa.

Lo que sigue a continuación trata de esbozar el perfil conductual de niñas y niños tímidos referido a baja competencia interpersonal, escasa interacción social, pensamiento distorsionado e irracional, emociones negativas y desagradables, y sensaciones corporales de incomodidad. Se ejemplifican algunas de las conductas personalizándolas en los casos de Paula, Leo y Frida.

- Paula. Cinco años, Educación Infantil.
- Leo. Nueve años, Educación Primaria.
- Frida. 13 años, Educación Secundaria Obligatoria.

¿Qué hace o dice?, ¿qué deja de hacer?

En la timidez muchos síntomas entran dentro de la categoría de inhibición comportamental: no hablar, no actuar, no responder, y también de paralización y de interrupción de las acciones: retirar la mirada, bajar la cabeza, detener lo que se está haciendo.

Deficiencia o inadecuación de habilidades sociales

Las habilidades sociales son un nutrido conjunto de conductas necesarias para relacionarse con las otras personas, de forma efectiva y mutuamente satisfactoria. Son ejemplos: iniciar conversaciones, charlar durante un rato, saludar a los compañeros, presentarse, alabar y elogiar a otras personas, dar opinión, mostrar desacuerdo y expresar emociones.

En general, la timidez está asociada a escasa competencia social; los niños socialmente retraídos presentan notables limitaciones en conductas de interacción con compañeros y adultos. Estas limitaciones se refieren principalmente a:

a) Problemas de asertividad

Como hemos visto en el capítulo anterior, los niños tímidos exhiben un estilo de interacción pasivo e inhibido. Suelen ser sumisos y obedientes y se someten a lo que dicen los otros por miedo a ser excluidos del grupo.

A veces el tímido es «protegido» por otro niño o niña que es un mandón y actúa por él y es quien toma las decisiones y lleva las riendas de la relación, estableciéndose entre ambas personas un estilo de interacción de dominio-sumisión; el otro niño manda y el tímido acata, el otro impone y el tímido se somete.

b) Problemas de comunicación interpersonal

La comunicación interpersonal se lleva a cabo mediante dos canales: verbal y no verbal.

La **comunicación verbal** es el vehículo para transmitir las opiniones, las ideas y los pensamientos. A este respecto podemos afirmar que los niños tímidos son reservados y poco comunicativos, les cuesta mucho intervenir en las conversaciones, no comparten sus ideas, no expresan sus deseos, no dan información sobre sí mismos ni piden información a los demás.

Ocurre que la comunicación interpersonal favorece la ayuda y el apoyo social. Si un niño tiene problemas y no cuenta a los demás lo que le pasa, no encontrará consuelo y llegará a estar deprimido y triste.

La **comunicación no verbal** o lenguaje corporal acompaña a la comunicación verbal y es muy importante en las relaciones interpersonales, ya que comunica afecto, actitudes y emociones y complementa, apoya y, en algunos casos, sustituye al mensaje verbal. Por eso, hay que prestar atención no solo al contenido, lo que dice, sino también a cómo se expresa. Algunas peculiaridades en niños tímidos son las siguientes:

Aprendemos...

a) Aspectos no lingüísticos del lenguaje:
— Tono de voz bajo.
— Inseguridad, falta de firmeza en lo que dicen.
— Largas pausas en el flujo de la conversación.
— Alta latencia de la respuesta.
— Ritmo lento de la conversación.
— Errores lingüísticos.
— Falta de entonación.

b) Movimientos, gestos y posturas:
— Gestos de las manos y ademanes pobres y/o nerviosos.
— Pobre expresión facial.
— Aversión de la mirada, no establecen contacto visual.
— Excesivos movimientos de cabeza.
— Sonrisa y/o risa nerviosa.
— Pobres movimientos o expresión.
— Postura inadecuada.
— Comportamientos nerviosos como tocarse el pelo o la cara.

c) Espacio interpersonal:
— Distancia de interacción considerable.
— Temor y recelo al contacto corporal con las otras personas.

Una cuestión que se plantea habitualmente es la siguiente: el niño tímido no se relaciona con otros porque no quiere (es poco sociable o insociable), porque no sabe (no posee las habilidades sociales) o porque no puede debido a que tiene miedo (sabe, pero no puede). Para responder en este punto es preciso conocer el caso concreto: en ocasiones el niño no tiene las habilidades sociales y por eso se retrae y en otros casos puede tener las habilidades necesarias para relacionarse, sabe lo que tiene que hacer, no se atreve a hacerlo y no las pone en juego en las situaciones oportunas; por ejemplo, sabe hacer una alabanza, pero le da vergüenza y no la hace.

El déficit de habilidades sociales puede ser considerado como antecedente de la conducta de timidez, pero también el tener un comportamiento tímido dificulta que se adquieran o fortalezcan. Por lo tanto, la timidez puede considerarse tanto causa como consecuencia de la inhabilidad social. En el capítulo 3, en el apartado «Relaciones entre iguales: importancia y funciones», se amplían más estos aspectos.

Lo que sí se aprecia es una cierta incapacidad de niñas y niños retraídos para participar en la vida social. Suelen ser poco visibles en el grupo, permanecen en un segundo plano, quieren pasar desapercibidos y de hecho tienden a evitar llamadas de atención. Su retraimiento inhibe las interacciones sociales y limita las oportunidades de divertirse y disfrutar con sus iguales: son menos activos, prefieren estar sentados a bailar, son menos independientes y autónomos, no se ofrecen voluntarios, se quedan rezagados, juegan solos, tienen pocos amigos y no participan en representaciones ni en fiestas. No se atreven a hacer cosas que los demás hacen con toda soltura y naturalidad; por ejemplo, participar en la obra de teatro de la fiesta de fin de curso del colegio, cantar los villancicos, contar un chiste en el cumpleaños de su hermana o hacer bromas cuando están preparando un trabajo con dos compañeros.

Leemos...

LEO, nueve años:

- No participa ni pregunta en clase.
- No inicia ni mantiene conversaciones con otros niños.
- No saluda a los vecinos.
- No se integra en actividades de grupo.
- En los juegos no toma iniciativas y se limita a imitar y seguir las directrices de los otros.
- Evita el contacto visual; no levanta la mirada.
- Tartamudea cuando responde a una pregunta.
- No saluda a los vecinos en el ascensor.
- Habla solo si le preguntan.
- Contesta con monosílabos.
- Es muy sumiso y hace lo que dicen los demás sin poner pegas.

FRIDA, 13 años:

- Intenta pasar desapercibida; no quiere que le pregunten ni que se dirijan a ella.
- Va con la cabeza baja por el pasillo, así no tiene que saludar a nadie.
- No interviene en los debates o diálogos de clase; habla si se le pregunta directamente, pero siempre contesta lo menos posible.
- Se pone como un tomate cuando se le dice algo.
- No participa voluntariamente en actividades de grupo.
- No expresa sus opiniones en el grupo y, si se le pregunta directamente, dice «opino como...» su compañero anterior.
- Si tiene dudas o dificultades en el trabajo escolar, no pregunta ni a la profesora ni a los compañeros.
- No se atreve a pedir un favor.
- Solo habla con dos compañeras a las que conoce más.
- No inicia conversaciones.
- Los compañeros se aprovechan de su trabajo y ella no protesta; no se atreve a negarse.
- Sus trabajos escritos son bastante buenos, pero se corta cuando tiene que defenderlos en público.

Exceso de conductas solitarias e inactividad

Son niños que permanecen en soledad, aislamiento y apartamiento más frecuentemente de lo que es habitual en su grupo de edad; ya hemos comentado el tema de su baja sociabilidad. Además, en determinadas circunstancias pueden aparecer cierta apatía, pasividad o indiferencia.

Leemos...

PAULA, cinco años:

- Se dedica más a juego solitario que a actividades de grupo.
- Se pasa el recreo merodeando por el patio, cerca de la profesora o sentada sola esperando a que suene la señal de final de recreo.
- Siempre que puede, se queda en clase durante el recreo.
- En la representación de Navidad eligió el papel de estrella para no tener que hacer ni decir nada.
- A veces juega con otro niño, pero si vienen más se va a otro lugar.

LEO, nueve años:

- Sus padres relatan que en casa se comunica poco, permanece mucho tiempo él solo en la habitación jugando con el ordenador, los videojuegos o leyendo.
- Baja por las escaleras para evitar encontrarse con algún vecino en el ascensor.
- Apenas sale de casa.
- La profesora dice que se sienta hacia el final de la clase solo en una mesa.

Respuestas de evitación y escape en situaciones interpersonales

Las niñas y niños tímidos evitan activamente a los demás; como los contactos interpersonales les resultan incómodos y amenazantes, tienden a evitarlos y, si no pueden eludirlos, procuran escaparse en cuanto tienen oportunidad.

Leemos...

Tal como temía, Rosa vio a un grupo de chicos jugando a las chapas.

Uno de ellos, el de piernas largas y pelo rizado, era Carlos, el compañero más simpático de la clase. Rosa hubiera querido invitarlo alguna vez a merendar en su casa, pero nunca se atrevió.

Un viento bastante fuerte empezó a levantar las hojas secas, mezcladas con algún billete de autobús y papeles de caramelos.

Se estaba haciendo tarde y no era cosa de seguir ahí clavada, sin decidirse a cruzar la plaza. Rosa lo hizo deprisa, procurando pasar inadvertida; pero lo que sucedía siempre volvió a suceder.

Después de una tirada, uno de los chicos se incorporó y, al verla, exclamó:

—¡Ahí va Rosa Sosa!

Los demás repitieron entre carcajadas:

—¡Rosa Sosa! ¡Rosa Sosa!

Ella estuvo a punto de contestarles algo feo. Sin embargo, cerró bien la boca. Si encima descubrían que estaba desportillada, la guasa iba a ser de campeonato.

(Tomado de *Rosa Sosa*, de C. Vázquez-Vigo.)

Las respuestas de **evitación** se refieren tanto a la negativa explícita (no quiero ir a la excursión; no voy a ir) como a la resistencia y negativa implícita. Las respuestas de **escape** contemplan el abandonar la situación interpersonal con o sin justificación.

Leemos...

LEO, nueve años:

- Pone disculpas para no salir al parque: «tengo catarro, me duele la garganta»…
- Cuando llega una visita a casa, se mete en su habitación y no sa e.
- Cuando le invitan al «cumple» de un compañero de su clase, puede expresar la negativa directa «No quiero ir» o indirecta, justificando y argumentando la conveniencia de no ir, «nos lo pasaremos mal», «no hemos comprado un regalo»…

FRIDA, 13 años:

- Evita las situaciones sociales; no ha querido apuntarse a ninguna actividad extraescolar y no va al instituto cuando hay actos no académicos (fiesta, excursión, visita...).

- Su íntima amiga le invita a una fiesta en su casa. Ella se esperaba poca gente, pero llega y entra en una habitación llena de gente… «la sensación que tuve es de que estaba desnuda en medio de aquella gente que me miraba. Dije: ¡Tierra trágame! Empecé a sudar, a temblar y a pensar que tenía que salir de allí».

- Siempre pone excusas para no ir con los otros. «No tengo amigas ni amigos y fuera de las horas del instituto no suelo salir, a menos que tengamos que hacer un trabajo de grupo para la clase».

¿Qué piensa?, ¿qué se dice a sí mismo?, ¿qué imagina?

Es muy difícil saber lo que piensa, lo que imagina y lo que se dice el niño o preadolescente tímido. Lo sabemos por medio de autoinformes, cuando él nos dice lo que ha pensado o imaginado y también por medio de la conducta manifiesta, sobre todo a través del lenguaje corporal y la comunicación no verbal. La tensión muscular, temblores, morderse los labios, tartamudeos, enrojecer…, son signos de determinados estados emocionales. Es preciso señalar que los preadolescentes tímidos presentan más síntomas cognitivos que los más pequeños.

Leemos...

AMINATA, 11 años:

Acontecimiento: tiene que exponer en clase un trabajo que se ha preparado primorosamente.

- Pensamiento: «Me pondré nerviosa; lo voy a hacer fatal; pensarán que soy una inútil y deficiente mental».

- Emoción: «Incomodidad, malestar en el estómago, se me seca la boca, me siento fatal».

- Actuación: «Me pongo colorada, tartamudeo, se me caen los folios donde tengo el esquema, no acierto a escribir en el encerado...».

Pensamientos negativos

Presentan errores y problemas al percibir y al procesar la información en situaciones interpersonales y sociales, lo que contribuye a una visión distorsionada del yo y de la realidad.

a) Pensamientos negativos sobre sí mismo y autoconcepto desajustado

El autoconcepto es el conjunto de percepciones y conocimientos que tenemos sobre nosotros mismos. Responde a las preguntas ¿quién soy yo?, ¿cómo soy yo? Por ejemplo: «soy alta y simpática, aunque perezosa; se me dan bien las manualidades, ¡qué patosa soy para el deporte!».

Los niños tímidos tienen un concepto de sí mismos distorsionado, creencias negativas y problemas de autoaceptación. Se sienten poco competentes y muestran escasa autoconfianza en situaciones interpersonales, por lo que en algunos casos las evitan, y cuando no tienen más remedio, actúan con poca habilidad, con lo que es probable que de nuevo fracasen.

Se preocupan mucho y tienen pensamientos equivocados sobre ellos mismos y generalizan y agrandan sus dificultades.

Se atribuyen a sí mismos los fracasos, autoculpándose de sus resultados negativos y sin embargo asignan su éxito a circunstancias ajenas, como la suerte o la intervención de otras personas. Además, contemplan su fracaso de forma estable y global, pudiendo llegar a considerarse incapaces de controlar los resultados de la propia conducta.

Leemos...

MOHAMED, 11 años:

- Cuando algo le sale bien, piensa que ha tenido mucha suerte («¡Qué suerte que hoy el profe me ha mirado con buenos ojos!»); cuando algo le sale mal, cree firmemente que ha sido por su culpa, aunque no haya sido así («Se ha aburrido de hablar conmigo; no me extraña, soy muy soso»).

- «Todo me sale mal; nadie me tiene en cuenta; no valgo para nada» (en realidad su problema es el siguiente: hoy su vecino Daniel no le ha esperado a la salida de clase y se ha ido con otras compañeras).

b) Pensamientos negativos y/o inadecuados sobre los demás

Los errores de pensamiento hacen que tengan una serie de creencias y expectativas negativas respecto a las relaciones interpersonales, lo que se materializa en:

- Desconfianza de las otras personas.

- Pendientes de las reacciones negativas de los otros y perciben y recuerdan mucho más las cosas negativas que las positivas.

- Sobrestiman las señales de rechazo de los otros hacia ellos, aunque solo sea una simple mirada.

- Perciben algunas situaciones como amenazantes, porque se ven evaluados y sobrevaloran las exigencias sociales.

- Creencias erróneas sobre los demás, a los que consideran hábiles y competentes.

- Tienen excesiva preocupación por la evaluación y consideración que les hacen los demás.

Leemos...

ARTURO, 10 años:

- Generalmente anticipa malas intenciones en los otros: «Me ha llamado, ¿qué me querrá?, ¡seguro que me quiere sacar algo!».

- Cuando algo le sale mal, aunque sea una cosa nimia, piensa que es horrible y catastrófico y está un tiempo hecho polvo.

- Considera que sus compañeros son muy hábiles, espontáneos y desenvueltos mientras que él es inhábil, torpe e inútil.

Autolenguaje negativo

El autolenguaje es lo que el niño se dice a sí mismo; es su diálogo interno. En la infancia tímida surgen las autoverbalizaciones de autocrítica y autodesprecio.

- Autoevaluaciones negativas: «Soy aburrido, sosa, tonto».
- Limitaciones rígidas: «No debería comportarme así».
- Anticipación de consecuencias negativas: «Se enfadará conmigo, se aburrirá; no voy a saber qué decir; si se burla de mí, me quedaré callada y será humillante».
- Autocrítica: «Siempre me confundo, siempre meto la pata; soy muy soso».

Leemos...

LEO, nueve años:
- «No lo sé hacer». «No me sale bien».
- «Yo no puedo». «Se me da mal».
- «Esto es muy difícil para mí».

FRIDA, 13 años:
- «¡Qué difícil! Esto no es lo mío».
- «No tengo buena memoria».
- «Ya sabía yo que esto no podría hacerlo como los demás».
- «Soy muy aburrida». «No valgo para nada».

Autoconciencia excesiva y desatención a las otras personas

El niño o preadolescente tímido tiende a focalizar su atención y a preocuparse excesivamente de sí mismo, ya sea sobre sus conductas privadas (pensamientos, sensaciones corporales…) o públicas y observables por los demás (gestos, lenguaje…). Esta propia preocupación hace que en muchas ocasiones esté ensimismado, bien soñando despierto o bien con preocupaciones constantes que se convierten en «distractores cognitivos» de la relación con los demás.

Se centra tanto en sus pensamientos, y se los cree tanto, que no presta atención a lo que las otras personas hacen y dicen. Por ello, suele fracasar cuando tiene que ponerse en el lugar de la otra persona y empatizar con lo que piensa y siente, por lo que en estos casos se alude a un cierto egocentrismo.

Parece que esta intensa actividad interior puede ser la causa de determinados problemas de atención y concentración que a veces presentan en el contexto escolar.

Leemos...

FRIDA, 13 años:

- «Está colgada», «está en la Luna», «no se entera», «es medio autista», son expresiones de hermanos y compañeros.
- Da vueltas a las cosas, las piensa y las vuelve a pensar.
- Puede no enterarse de la clase porque está todo el tiempo pensando en que el profe no le pregunte, que no la mire, que no diga nada sobre ella o para ella.

¿Qué siente?, ¿qué sensaciones corporales experimenta?

Autoestima y autovaloración negativa

La autoestima es la valoración, positiva o negativa, que uno hace de sí mismo y suele ser el resultado de la diferencia entre como una misma se percibe y el ideal que le gustaría ser, de modo que una gran discrepancia produce una baja autoestima. A este respecto, se señala en la infancia tímida:

- Tendencia a subestimarse e infravalorarse.
- Sentimientos de inferioridad y diversos complejos.
- Escasa autoconfianza.
- Alto grado de autoexigencia y autocrítica.
- Autoculpa y cierto autodesprecio.

Ansiedad social y miedos

La timidez supone un cierto temor a situaciones de carácter social e implica, de alguna manera, miedo a la crítica, a la evaluación negativa y a ser rechazado. Son temores interpersonales, y es que teme a los demás porque se siente inferior a ellos.

Evolutivamente se pasa desde miedos físicos (al daño, a la oscuridad, a los animales…) a sociales, de los que son ejemplo a ser rechazado, al fracaso y a qué decir o hacer en situaciones interpersonales. Parece que en niños tímidos los miedos sociales son más precoces, más frecuentes, intensos y persistentes.

Teme aquellas situaciones que impliquen evaluación, como son expresar una opinión, hacer una pregunta, exponerse ante un grupo. Y, por otra parte, muestra una gran necesidad de ser querido y aceptado y teme ser rechazado, motivos por los que suele mostrarse sumiso y constantemente conciliador.

También teme al ridículo porque se ve incompetente, se siente inferior o no sabe qué hacer o no tiene recursos en algunas situaciones; por ejemplo, ante una pregunta incómoda un chico hábil contesta con otra pregunta, utiliza el sentido del humor o da un corte, conductas que no están en el repertorio de los tímidos.

Otros miedos que se encuentran son: a los extraños, a no gustar a los demás, a ser considerado inepto, a meter la pata, a no hacer las cosas como esperan de ti, a la intimidad y a expresar sus emociones a una persona en privado.

Leemos...

LEO, nueve años:

- Siempre ha tenido reparo y miedo a lo desconocido y fundamentalmente a los extraños y a las personas que no controla.
- Dispuesto a renunciar a sus deseos en pro de los demás, pensando en que le acepten y le quieran. «Si me niego a hacer esto, Juan no será mi amigo».

ARTURO, 10 años:

- «Me horroriza meter la pata, ser observado, ser rechazado, ser el centro de atención, equivocarme delante de gente...».
- Dudas que le asaltan: «¿me aceptarán?, ¿qué pensarán de mí?, ¿qué esperan de mí?, ¿me sentiré aislado y solo?».

Emociones negativas y desagradables

Las emociones son acontecimientos privados difíciles de captar, excepto a través del autoinforme o de la conducta manifiesta, especialmente la comunicación no verbal, o por medio de las respuestas corporales que describimos más adelante. Dentro del mundo emocional se diferencia entre emociones positivas y negativas.

Aprendemos...

- Emociones positivas y agradables: la experiencia subjetiva es placentera y producen bienestar. Son ejemplos: alegría, tranquilidad, felicidad, optimismo, altruismo, satisfacción, cariño, confianza, amor y diversión.
- Emociones negativas y desagradables: la experiencia subjetiva que no es placentera y generan malestar e incomodidad. Son ejemplos: tristeza, vergüenza, enfado, aburrimiento, temor, nerviosismo, pena, miedo, furia, preocupación, disgusto, agresión y ansiedad.

En el niño tímido se aprecia cierta sobreemocionalidad e hipersensibilidad, acompañadas de emociones, generalmente de matiz desagradable y negativo, que a menudo le ocasionan incomodidad y/o sufrimiento. Entre ellas están: pena, indecisión, soledad, culpabilidad y vergüenza. Su temple emocional es triste; no se ríen ni disfrutan tanto como sus iguales, apreciándose que muestran pocas emociones positivas del tipo de entusiasmo o ilusión.

Junto a estas, en algunos momentos surgen también emociones de malhumor, irritabilidad, enfado y cólera, presentando inesperados estallidos de ira contra ellos mismos y contra los demás. Las familias cuentan que su hijo tímido con sus personas más íntimas sí se atreve y en ocasiones suele resultar hasta tirano y orgulloso. Comentaba una madre: «Fuera de casa es una mosquita muerta, pero en casa es una mandona. Es como que tuviera tensión y rabia contenida y con nosotros explota».

Leemos...

FRIDA. 13 años:

- Siempre está triste y apesadumbrada.
- Muy nerviosa y en tensión constante, pero a veces parece que ni sufre ni padece.
- Muy insegura.
- Tiene mucho miedo al fracaso.
- En los últimos tiempos se la ve muy nerviosa y malhumorada.
- Episodios violentos, estallido de cólera, portazo y salida de la habitación llorando.

Consejos

Se aconseja ver con tus hijos dos películas de animación de Disney y Pixar.
— *Del Revés 1 (Inside Out 1)*. Incluye las emociones de: alegría, tristeza, miedo, asco, ira y sorpresa.
— *Del Revés 2 (Inside Out 2)*. Incluye las emociones de: ansiedad, vergüenza, envidia, tedio, nostalgia y *ennui* (aburrimiento).

Es muy importante hacer comentarios durante y después de la película, haciendo referencia a ejemplos y situaciones de las distintas emociones en la película y poniendo ejemplos de esas emociones en la vida real de los niños.

Respecto a la timidez, es relevante comentar con detenimiento el personaje de Vergüenza, que aparece en *Inside Out 2*.

> **Vergüenza** es tímido y nervioso con las otras emociones y no necesariamente tiene mucho diálogo hablado debido a su naturaleza tímida. Cuando interactúa con otra persona, Vergüenza está muy incómodo y no responde a un saludo correctamente (como responder a un apretón de manos con un choque de puños) y se pone nervioso fácilmente cuando recibe un tipo de atención, incluso si es positiva.

Sensaciones corporales de incomodidad y malestar

Los niños y preadolescentes tímidos informan de sensaciones corporales molestas, que son resultado de su alta activación fisiológica. Entre ellas están:

• Palpitaciones y corazón acelerado.	• Enrojecimiento, rubor y/o palidez.
• Boca seca.	• Náuseas y sensaciones estomacales.
• Temblores.	
• Agitación.	• Malestar difuso y generalizado.
• Sudores; sudor de manos.	• Respiración agitada.
• Abatimiento y debilidad física.	• Transpiración.
• Necesidad de orinar.	• Tensión muscular.
• Aturdimiento.	

Muchas de estos síntomas son totalmente privados, mientras que otros pueden apreciarse por las otras personas, por ejemplo el rubor. Cuando esto ocurre, aumenta la ansiedad y también la probabilidad de tener aún más sensaciones corporales.

Leemos...

PAULA, cinco años:

- Se restriega las manos.
- Se pisa los pies.
- Suda y resopla.
- Necesita orinar frecuentemente; un día se hizo pis, por no pedir permiso.

LEO, nueve años:

- Muy vergonzoso; enseguida se pone rojo.
- Se siente incómodo con personas desconocidas.

FRIDA, 13 años:

- Experimenta fuerte ansiedad cuando es observada.
- Le sudan las manos cuando está trabajando en grupo.
- Se le pone un nudo en el estómago.
- Se ruboriza por cualquier cosa.
- «El corazón parece que se me va a salir del pecho».

3
¿Por qué se es tímido y qué riesgos y consecuencias tiene?

Qué hacer

☑ Habla con tu hijo sobre sus dificultades de relación.

☑ Pregúntale cómo son sus relaciones con los compañeros en el colegio.

☑ Sé comprensivo con sus miedos y temores.

Qué no hacer

☒ Evita que pase mucho tiempo solo o sola.

☒ Evita ponerle en situaciones interpersonales difíciles.

☒ Evita recriminarle su conducta de retraimiento.

> - ¿Qué necesitan los niños para un adecuado desarrollo social y emocional?
> - ¿Qué papel juega la familia en el desarrollo social temprano?
> - ¿Influye la dinámica y el estilo de la familia en cómo son los hijos?
> - ¿Por qué son importantes las relaciones interpersonales en las edades infantil y adolescente? ¿Para qué sirven?

Si queremos analizar la conducta de timidez y saber cómo se origina y se mantiene, es preciso primeramente detenerse a reflexionar en torno al desarrollo social normal para dejar claro qué ocurre cuando se altera este proceso y hay problemas.

Desarrollo socioemocional

Aunque la evolución durante la infancia y la adolescencia tradicionalmente se contempla en tres aspectos: físico-biológico, intelectual y socioemocional, nosotros vamos a centrarnos en este último, ámbito al que todavía hoy no se presta la suficiente atención y hasta se descuida y olvida, frente a la importancia indiscutible que se da tanto al desarrollo físico como a los aspectos intelectuales (inteligencia, memoria, estrategias de aprendizaje, razonamiento...). No obstante, hay que señalar que lo emocional, está tomando un gran auge en los últimos años al constatar su importancia y relevancia y que contribuye al bienestar personal e interpersonal.

La conducta social se aprende y se desarrolla a lo largo de todo el ciclo vital merced a la relación que el niño tiene con otras personas, adultos y niños, en el largo proceso de socialización. Jugar con otros niños, quedarse en un rincón sola, reaccionar agresivamente, ser amable con los adultos, etc., son conductas que se van aprendiendo a lo largo de la vida. Ningún niño nace simpático, tímido, agresivo o socialmente hábil.

La socialización

Para estudiar el desarrollo social tenemos que tener presente la socialización, que es el proceso mediante el cual niños y adolescentes adquieren las pautas de comportamiento, creencias, normas, costumbres y actitudes propias de la familia y del grupo cultural y social al que pertenecen. Este proceso es una interacción entre el niño y su entorno interpersonal; principalmente los agentes sociales que son:

- **Personas**: madres, padres, hermanos y hermanas, otros familiares, cuidadores, amigos, compañeros, profesorado y otras personas.
- **Instituciones**: familias, escuela.
- **Objetos**: libros, juguetes, teléfono móvil, tableta, ordenador,…
- **Medios de comunicación** social y tecnologías de la información y la comunicación (TIC), que en la actualidad son especialmente relevantes.

Es obvio que los niños y adolescentes de hoy son el resultado de la compleja influencia de todos estos agentes de socialización. Algunos aspectos del desarrollo se logran en el contexto familiar; otros aprendizajes tienen lugar en los centros educativos, pero muchos otros tienen lugar en la calle y en los tiempos de ocio con las y los iguales. Y a través de los medios audiovisuales, las pantallas y las tecnologías de la información y la comunicación.

Además, para entender este proceso hemos de prestar atención al momento histórico y al marco social en el que estamos inmersos. A nadie se le ocultan los fuertes cambios sociales y culturales que estamos experimentando, de los que son muestra: la familia que ha modificado sensiblemente tanto su estructura y componentes como su funcionamiento y el rol que desempeña en la socialización de sus miembros; las TIC, que han irrumpido de forma brusca y llamativa en nuestra vida; los medios de comunicación, que, en determinadas circunstancias, llegan incluso a suplantar al resto de referentes y agentes socializadores; la sociedad multiétnica y multicultural; la sociedad erotizada, consumista y hedonista; los «padecimientos» de nuestro tiempo como son estrés, ansiedad, soledad, aislamiento, analfabetismo emocional, agresividad, depresión y tristeza, irritabilidad, apatía...; la violencia que empapa la sociedad, apreciándose una notable permisividad e indiferencia hacia determinadas formas de esta, como la verbal o la exclusión social.

Niños y adolescentes no lo tienen fácil actualmente; a pesar de que su bienestar material ha mejorado sensiblemente, viven hoy en unas condiciones más complicadas de agobio, estrés, abandono emocional y sobreexigencias.

Familias y desarrollo social

La familia es la influencia más temprana y duradera en el desarrollo social de los niños. Es el contexto donde comienza la socialización y el niño encuentra sus primeras y más importantes personas de relación y apego. Durante los primeros años tiene una importancia capital para la conducta de relación interpersonal, ya que es el contexto único, o principal, donde crece el niño y actúa como filtro para otros contextos, decidiendo, por ejemplo, la incorporación a la guardería o posibilitando contactos sociales con otros niños.

Las familias poseen unas características que las hacen especialmente importantes para el desarrollo social de la prole. Estas son:

a) **Impacto**. Desde la temprana infancia instruyen y enseñan al niño conductas sociales, llaman su atención, responden a sus sonrisas, son modelos y, en definitiva, le van enseñando qué comportamientos interpersonales se esperan de él.

b) **Estabilidad y durabilidad**. Están presentes durante mucho tiempo, a lo largo de la infancia, de la adolescencia y actualmente también en la juventud, ya que se ha retrasado el momento de emancipación de los jóvenes.

c) **Oportunidades**. En la vida familiar ocurren oportunidades sociales muy diversas y se pueden aprender muchas conductas, en situaciones variadas y con distintas personas.

d) **Reforzamiento**. Son importantes agentes de facilitación de la interacción porque son una poderosa fuente de reforzamiento y recompensa para sus hijos e hijas.

Estilos educativos parentales

Como venimos señalando repetidamente, en todo el proceso de desarrollo social y emocional es de vital importancia el estilo educativo y las estrategias de socialización que utilizan madres, padres y otras figuras de crianza. Y se consideran dos dimensiones básicas: comunicación y disciplina, que se articulan en cuatro estilos de interacción familiar.

- Comunicación y afecto: sensibilización hacia las necesidades de su hijo o hija, aceptación de su individualidad, comunicación, diálogo y afecto que expresan.
- Disciplina, control y exigencias de madurez: estrategias de supervisión para lograr el cumplimiento de las normas.

En función de cómo se articulan estas dos dimensiones, se contemplan cuatro estilos de interacción familiar que se muestran en el siguiente esquema.

Afecto y comunicación (alto)	
ESTILO PERMISIVO O INDULGENTE	ESTILO INDUCTIVO O DE APOYO
Disciplina y control (bajo)	Disciplina y control (alto)
ESTILO NEGLIGENTE	ESTILO AUTORITARIO
Afecto y comunicación (bajo)	

Aprendemos...

Estilo permisivo o indulgente:

- Alto grado de afecto y comunicación y bajo grado de control.
- Los padres y las madres permisivos son afectuosos, razonan con sus hijos, pero son excesivamente condescendientes y protectores y no controlan, ni exigen lo necesario.
- Los hijos tienden a ser menos competentes, menos seguros de sí mismos y más dependientes.

Estilo inductivo, de apoyo:

- Alto grado de afecto y comunicación y alto grado de control.
- Las madres y los padres democráticos combinan el control y la exigencia con las muestras explícitas de afecto y la comunicación con sus hijos.
- Los hijos tienden a estar seguros de sí mismos, controlados y autónomos.

Estilo negligente:

- Bajo grado de afecto y comunicación y bajo grado de control.
- Los padres y las madres negligentes no controlan las conductas de sus hijos e hijas y tampoco les muestran afecto y cariño.
- Los hijos tienen problemas emocionales y afectivos.

Estilo autoritario:

- Alto grado de control y bajo grado de afecto y comunicación.
- Las madres y los padres autoritarios ejercen un alto control sobre sus hijos, no establecen buena comunicación con ellos, exigen obediencia y no muestran explícitamente gran afecto por ellos.
- Los hijos tienden a ser hostiles, descontentos, retraídos y desconfiados.

La familia, en los últimos años, está experimentando numerosas y profundas transformaciones, de las que son ejemplos el retraso en la edad de ser madre o padre, el descenso en la fecundidad (1,16 hijos por mujer), la diversidad de familias actuales (monoparentales, homoparentales, adoptiva, de acogida y otras nuevas tipologías). Se aprecian también cambios importantes en la socialización de los hijos. A veces se alude a la dificultad de desarrollar las tareas socializadoras tradicionalmente consideradas competencias del núcleo familiar, debido a la incorporación de las madres al trabajo, padres y madres desbordados e inseguros («¿lo estaremos haciendo bien?, ¿nos estaremos pasando?»), o que hacen dejación y no ejercen su rol («yo con este chico tiro la toalla porque no sé por dónde entrarle»). Sociológicamente parece que se está produciendo una palpable tendencia a mayor permisividad y negligencia de los hijos, especialmente en los aspectos emocionales y afectivos. Se llega a hablar de «familia nominal» para hacer referencia a las que, sin ser conflictivas, se limitan a una coexistencia pacífica más que convivencia activa.

Por ello, es necesario recalcar que la familia ha de estar muy atenta, contribuyendo activamente al desarrollo de la competencia personal y social de la prole.

Necesidades socioemocionales en infancia

Un niño, desde que nace, tiene unas exigencias físico-biológicas, cognitivas, emocionales y sociales. Alimentación, vestido, seguridad y protección de peligros físicos, descanso, actividad física a través del ejercicio y el juego, higiene, cuidados sanitarios, entre otras, se han de satisfacer en el entorno social más cercano, y son las familias fundamentalmente las encargadas de estas tareas de socialización temprana.

Los **aspectos cognitivos** se refieren a inteligencia, razonamiento, motivación, entre otros, que son capacidades para aprender, para conocer el mundo, las normas de convivencia y los valores de la sociedad. Por ello, tenemos que provocar su aprendizaje a través de la curiosidad, el esfuerzo y la motivación.

Aprendemos...

Las principales *necesidades emocionales y sociales* son las siguientes:

1. Seguridad emocional. El niño precisa sentirse querido, valorado, aceptado y protegido, lo que implica que los adultos le proporcionen afecto, aceptación, protección y disponibilidad.

2. **Intimidad corporal.** Se refiere a recibir caricias, abrazos y besos por medio del contacto corporal y de la interacción lúdica.
3. **Apoyo social.** A medida que el niño crece precisa una red de relaciones interpersonales más amplia que la familia nuclear, que está formada por otros familiares, amigos, compañeros de juegos, educadores, vecinos y conocidos.
4. **Autonomía progresiva y participación activa.** Los niños tienen que hacer las cosas por sí solos, lo que implica estimular su independencia y autonomía progresiva asignándoles responsabilidades y estableciendo límites, utilizando una disciplina positiva. La sobreprotección genera niños dependientes.

Es preciso dejar claro que estas necesidades son básicas e imprescindibles para que se produzca un buen desarrollo infantil. Pero hay que tener en cuenta que además cada niño o adolescente es único e irrepetible y tendrá otras exigencias individuales y específicas.

Relaciones entre iguales: importancia y funciones

Entre las tareas evolutivas que se tienen que ir logrando en la infancia está la de relacionarse adecuadamente con otros y tener amigos y vínculos afectivos.

En las relaciones niño-adulto es este el que ejerce el dominio, mientras que en las relaciones niño-niño el control es horizontal; por eso se utiliza la expresión «relaciones entre iguales», ya que los participantes son muy parecidos en edad, intereses o roles, están en una posición semejante, se caracterizan por ser paritarias y simétricas y se regulan por la ley de la reciprocidad entre lo que se da y lo que se recibe.

Estas relaciones contribuyen al bienestar personal y al desarrollo socioemocional y proporcionan oportunidades para el aprendizaje de competencias específicas que no pueden lograrse de otra manera, ni en otros momentos.

Los niños que son socialmente competentes son queridos por sus compañeros y amigos, resultan agradables a los adultos y, a largo plazo, consiguen más éxitos escolares y mayor adaptación al entorno social.

En el marco de estas relaciones se posibilita la práctica y adquisición de aspectos tan relevantes como los siguientes:

Aprendemos...

- Conocimiento de sí mismo (autoconcepto) y de los demás.
- Reciprocidad, necesidad de dar para poder recibir.
- Empatía, habilidad para ver la situación y ponerse en el lugar del otro.
- Colaboración, cooperación y ayuda.
- Autocontrol y autorregulación de la propia conducta.
- Apoyo emocional, consuelo, compañerismo.
- Vínculos afectivos y de amistad.
- Disfrute, diversión y complicidad.
- Estrategias sociales de negociación y de acuerdos.
- Aprendizaje y exploración de aspectos sexuales.
- Desarrollo moral y aprendizaje de valores y normas.
- Sentido de inclusión, sentimientos de pertenencia, aceptación.
- Otras habilidades como negociar, compartir, defenderse, cuestionar lo injusto, etc.

Hay que señalar que en las relaciones entre iguales surgen inevitablemente conflictos y problemas que tienen que aprender a solucionar. Muchas veces se han de afrontar interacciones sociales difíciles como decir que no, rechazar peticiones, defenderse de amenazas e intimidaciones, hacer y responder a quejas, afrontar presiones grupales, hacer peticiones y ruegos, manifestar los propios deseos, pedir cambios de conducta, manejar el rechazo, la exclusión y el desprecio, hacer frente a las intimidaciones y responder a las bromas y burlas.

No hay que olvidar que algunas conductas desadaptadas suelen realizarse en grupo y en ocasiones se ven obligados a hacen determinadas cosas porque las hacen los demás o se lo exigen. Por eso, tienen que aprender habilidades para responder a las provocaciones, a detectar cuándo se sienten atrapados en un grupo o pandilla y no pueden expresar sus opiniones y deseos, o no se les tiene en cuenta, o se sienten manipulados.

Concretamente en ocasiones estas relaciones igualitarias se ven amenazadas, pasando a ser desequilibradas, regulándose por el **esquema dominio-sumisión**; hay algunos que dominan y otros que se someten o son sometidos.

En resumen, hay un alto grado de consenso en la idea de que las relaciones entre iguales en la infancia proporcionan oportunidades únicas para el aprendizaje de habilidades específicas que no pueden lograrse de otra manera, ni en otros momentos. Y hay que tener presente que la inhabilidad social en la infancia constituye un factor de riesgo y de vulnerabilidad para distintos problemas, por lo que podemos afirmar que la competencia social tiene una importancia decisiva tanto en el funcionamiento presente como en el desarrollo futuro del niño y adolescente; por ello es necesario trabajar y promover intencionalmente estos aspectos.

Evolución de la conducta social en la infancia

Como hemos expuesto en apartados anteriores, inicialmente las relaciones interpersonales se llevan a cabo con los adultos cercanos y progresivamente van apareciendo los iguales y otras personas adultas.

En la adolescencia se constata una progresiva independización y desvinculación del grupo familiar y, simultáneamente, emerge una creciente y marcada influencia del grupo de iguales. Pero ¡atención las familias!, se trata de un distanciamiento relativo, ya que todavía necesitan el apoyo emocional para afrontar los difíciles y complejos desafíos que se les van presentando en este período.

En esta edad aparece la necesidad de pertenecer a un grupo, de sentirse miembro y sentirse valorado, aceptado y tenido en cuenta por las y los compañeros. Y, además de la relación grupal, es vital tener amigos íntimos. El proceso interpersonal suele ser algo así: primero grupo o pandilla de un solo sexo, después la pandilla mixta y posteriormente el surgimiento de parejas y vínculos sexoafectivos. Aunque hay que remarcar que, actualmente en estos aspectos, se aprecian importantes cambios.

Causas de la timidez

- ¿Por qué se produce la timidez? ¿Por qué los niños se retraen con sus iguales?
- ¿Dónde, cuándo, con quién aparece?
- ¿Cómo se origina? ¿A qué se debe que mi hija tema a los otros niños?
- ¿Por qué unos niños son más tímidos que otros?
- ¿Se nace tímido o se aprende a comportarse como tímido?
- Yo soy tímido, ¿mi hija también lo será?
- ¿Por qué mi hijo es tan apocado?
- ¿Por qué mi hija es tan tímida y mi hijo no lo es si educamos igual a los dos?
- ¿Tenemos nosotros la culpa de que sea tímido?

La respuesta a estas preguntas es difícil, ya que el estudio de las causas y antecedentes de la timidez es un tema complejo que no está totalmente clarificado. Las teorías que estudian las causas se diferencian en dos grupos: las que defienden que se nace tímido, lo que supone predisposición heredada, y aquellas otras que propugnan que se aprende a ser tímido, lo que implica al contexto interpersonal en el que se vive.

Sin embargo, el estado actual de conocimientos apunta a la multicausalidad, ya que no tiene su origen en una sola causa, sino en varias que interactúan y se influyen entre ellas; por lo que hay que considerar diversos factores de riesgo relacionados con la vulnerabilidad del niño. En la timidez están implicados tanto la herencia como el aprendizaje y habrá que profundizar para establecer que está ocurriendo en cada caso concreto.

Aunque nuestro interés no es explicar el origen último de la timidez, vamos a comentar las principales teorías con el propósito de ir desgranando los factores de riesgo, para desarrollar estrategias de prevención y de intervención, porque, en algunos casos, estas teorías dan cuenta de las consecuencias y de los riesgos y de cómo se mantiene y desarrolla.

Se nace tímido

Según estas teorías, la timidez se explica por una predisposición hereditaria general, concretamente temperamental, considerando que se debe a factores biológicos, genéticos y constitucionales, y, por lo tanto, es refractaria al cambio, aunque, como se verá a continuación, no es completamente inmodificable.

Se han realizado distintas investigaciones tratando de esclarecer diversos aspectos relacionados con el temperamento. A título ilustrativo sintetizamos algunos de los hallazgos que pueden ayudar a comprender los orígenes de la conducta socialmente inhibida y retraída:

1. Las criaturas nacen con un temperamento que puede representarse a lo largo de un continuo limitado por dos polos: inhibición y espontaneidad, así que, en principio, parece que hay un cierto apoyo empírico a la transmisión hereditaria de conductas de timidez, es decir, existe una predisposición biológica para responder de forma tímida, que serían los niños situados en el extremo de la inhibición.

2. Pero a medida que pasa el tiempo, no todos aquellos niños que eran catalogados como tímidos en los primeros meses de su vida, siguen siendo etiquetados como tímidos en los años posteriores. ¿Qué ocurre?, ¿cómo es que cambia el temperamento?

Se aprende a ser tímido

La conducta de timidez se adquiere y se va aprendiendo a lo largo del desarrollo: el niño tímido se hace, se desarrolla.

Problemas de apego y del estilo educativo parental

Los estudios del apego apuntan a que el vínculo temprano del niño con las personas que le cuidan es uno de los principales factores relacionados con la sociabilidad y parece que puede establecerse una corexión entre apego inseguro temprano y retraimiento social.

Otro elemento a tener en cuenta es el estilo educativo de los progenitores principales. Como hemos señalado en este mismo capítulo, los estilos autoritarios, permisivos y negligentes pueden acarrear problemas de retraimiento, inseguridad e inhibición.

Además, son de vital importancia las creencias y valores paternos respecto a la crianza y las estrategias de socialización que utilizan, como son el grado de promoción de la competencia social, la facilitación o no de contactos sociales y la exposición a situaciones interpersonales nuevas y variadas. La estimulación social que hacen padres y madres (contactos con vecinas, juegos colectivos…) correlaciona directamente con el grado de desenvoltura social de los niños. Por el contrario, una famil a con poca vida social no estimulará a su hijo para que se relacione. Y los padres tímidos o poco sociables evitan exponerse a sí mismos y a sus hijos a situaciones sociales.

También puede surgir sobreprotección y presencia excesiva de padres y/o hermanos mayores, que se adelantan siempre y actúan antes que el niño, no dejándole oportunidades de intervenir, lo que facilita las respuestas de evitación o escape.

Leemos...

David y Adela son educados en una familia con un estilo de interacción autoritario, cuyo padre no admite que se le replique ¡NUNCA!, y cuya madre está de acuerdo en que la disciplina férrea es fundamental para que los hijos no se desvíen. Son frases del padre:

«Los hombres nunca lloran; llorar es de mariquitas; ¿no querrás parecer una niña, verdad David?». «Así me gusta, las niñas tienen que ser dóciles y permanecer calladitas».

Vanesa y Eduardo, por el contrario, viven en una familia con un estilo inductivo y de apoyo donde se estimula la expresión de deseos y sentimientos, conjugándola con la responsabilidad y la exigencia.

Son frases de la madre: «Vanesa, ya verás cómo te va a salir muy bien; pon atención y cuidado y seguro que te sale fantástico; ¡qué joya de hija tengo!».

Y el padre, hablando con Eduardo, señala: «No me extraña que estés triste y llores; yo te entiendo perfectamente ya que a mí me pasó algo parecido cuando…».

Sintetizando, la conducta de timidez puede originarse en las primeras etapas del desarrollo como consecuencia de problemas en las relaciones de apego, estilos educativos parentales inadecuados o insuficiente estimulación social por parte de los padres. Muchos aspectos de la timidez son aprendidos y desarrollados en el entorno familiar y cultural cercano por diversos mecanismos que explicamos en el apartado sobre «Desarrollo, mantenimiento y fortalecimiento de la timidez».

Problemas en la interacción con los iguales

¿Qué sucede con los niños que no se relacionan con otros niños o se relacionan poco o de forma insatisfactoria?

Como ya se ha puesto de manifiesto anteriormente la importancia de las relaciones entre iguales, lo que hay que resaltar aquí es que el niño tímido no interactúa con sus iguales y está perdiendo preciosas oportunidades de aprender y practicar habilidades muy necesarias para su desarrollo evolutivo (empatía, negociación, iniciación de interacciones, decir no...). También está desaprovechando todo el caudal de reforzamiento, apoyo social y disfrute que son las relaciones entre iguales.

Todo ello conlleva una serie de desajustes como son baja aceptación, rechazo, ignorancia y aislamiento, problemas emocionales y escolares, desajustes psicológicos e incluso problemas de salud mental en la vida adulta. Los niños y niñas que no saben relacionarse adecuadamente no son queridos ni aceptados por sus compañeros y con el tiempo, si su inhabilidad social persiste, llegan a estar aislados o sufren rechazo, todo lo cual hace que experimenten dificultades de adaptación personal, escolar y social. Además, cuando un niño no tiene amigos o encuentra dificultades al relacionarse con sus iguales, tiene sentimientos de tristeza, ansiedad, baja autoestima... y agresividad. En síntesis, los niños tímidos están privados de la oportunidad de interactuar con los demás y corren el riesgo de presentar ciertas dificultades emocionales.

Dentro de la teoría del aprendizaje se han utilizado varias hipótesis para explicar estas dificultades: la del déficit de habilidad, la cognitiva y la de interferencia.

Según la **hipótesis del déficit de habilidades**, los problemas se explican por la carencia de las habilidades necesarias para establecer y mantener relaciones sociales. Si el niño no sabe por ejemplo saludar, decir que no o pedir favores, no será hábil para mantener interacciones y se inhibirá en las situaciones interpersonales.

La **hipótesis cognitiva** señala que las experiencias tempranas de la criatura van construyendo y desarrollando un estilo de pensamiento peculiar que va a influir en sus emociones y en su conducta. Si son negativas, desarrollará pensamientos erróneos y distorsionados, ideas irracionales y aprenderá a tener una visión adversa de sí misma y de las otras personas.

La **hipótesis de interferencia** afirma que el niño tiene o puede tener en su repertorio habilidades adecuadas, pero no las pone en juego porque factores emocionales y cognitivos interfieren en su ejecución. Algunas de las variables interfirientes son: ansiedad, miedo, autolenguaje negativo, pensamientos de autoderrota, distorsiones cognitivas, expectativas de autoeficacia negativas y autoconciencia excesiva. Por ejemplo, Maruja sabe cómo decir a Carmelo que juegue con ella, pero no lo hace porque teme que le diga que no, como ocurrió el otro día.

Experiencia traumática

En algunos casos el niño puede retraerse como resultado de un evento traumático o de acontecimientos vitales adversos, a consecuencia de los cuales ve afectada su seguridad personal, baja su autoestima y surgen miedos y temores.

La timidez puede ir asociada o ser una consecuencia de:

- El nacimiento de un hermano menor, la pérdida de un ser querido o de una mascota, la entrada en la guardería, enfermedad de padre o madre, cambio de domicilio o colegio, ruptura o problemas entre padres.

- Maltrato infantil o abuso sexual; por ejemplo, una niña que es sexualmente abusada por un adulto que le exige silencio puede sentirse culpable y retraerse de las relaciones con las amigas.

- Maltrato entre iguales o *bullying;* el niño que es intimidado por sus compañeros se retrae. Este aspecto se trata con más detalle en el capítulo 4.

- El haber vivido eventos especialmente impactantes, como son atentado terrorista, catástrofe natural o haber presenciado violencia familiar continuada, puede generar *estrés postraumático,* lo que implica la experimentación repetitiva del suceso y las emociones que produce (pensamientos recurrentes, pesadillas…). Además, se está siempre con el permanente temor de que vuelva a ocurrir;

apareciendo otros síntomas como estado de hiperalerta, problemas de sueño, sentimientos de culpa, dificultades de concentración y memoria, evitación de actividades e intensificación de los síntomas ante estímulos relacionados con el evento.

La repercusión de estos hechos traumáticos tiene fuerte impacto en la conducta y en los recursos personales del niño; puede limitarse a ser un período transitorio de inhibición o la conducta de retraimiento puede desarrollarse y fortalecerse hasta instalarse en el estilo personal de interacción. Por eso es necesario prestar atención al posible acaecimiento de experiencias difíciles y a cambios que se produzcan en la conducta de su hijo.

La timidez no tiene una sola causa

Desde el momento de nacer, el niño tiene unas características físicas, motoras y temperamentales propias. Unos son tranquilos, otros irritables, otros activos, y estas diferencias van a condicionar las interacciones de las personas que le rodean. El abuelo de Paula dice que es su nieta preferida porque es muy tranquila; y la mamá de Enrique está agobiada porque no la deja dormir dos horas seguidas.

Los datos actuales hacen patente que la conducta tímida se explica por una interacción entre distintas variables: personales (disposición temperamental de inhibición), interpersonales (apego, relaciones con progenitores y otros adultos, relaciones entre iguales) y ambientales (experiencias de socialización, recursos psicosociales, clima social…).

Inicialmente se puede hablar de una *cierta* predisposición genética hacia la timidez, que sería la inhibición temperamental. A continuación, entran en juego las primeras relaciones interpersonales, que son cruciales, bien para favorecer y reforzar la predisposición biológica o bien para reducirla y minimizarla.

Leemos...

Ante un hijo con temperamento inhibido al nacer, la familia puede actuar de dos formas:

1. Superprotección, evitar que se altere, calmarle y no exponerle a nuevas situaciones potencialmente difíciles. Asumen que su hijo es así, «es muy parado y muy tranquilo» y, en consecuencia, le estimulan poco y refuerzan su tendencia a la inhibición.
2. Afrontar la incomodidad que muestra el niño en determinadas situaciones; los padres actúan para modificar el comportamiento inicial, le ayudan y apoyan y no refuerzan sus llantos e inhibiciones y le exponen progresivamente a nuevos retos. Así, la madre, que está encantada con su primer hijo, le estimula, le provoca, le expone a aprendizaje sin error y promueve y refuerza sus respuestas de espontaneidad.

La evolución de la conducta de timidez se explica por la conjunción de factores biológicos y ambientales, las predisposiciones heredadas interactúan con variables situacionales, especialmente con la conducta de la familia y las figuras de apego.

Después de un cierto tiempo, el niño ya tiene un primer repertorio (adecuado y adaptativo o inadecuado) de comportamientos, emociones y cogniciones en relación a las situaciones de interacción social. Por contacto directo, observación, información, es decir, los procesos de aprendizaje, el niño va manteniendo o modificando su repertorio inicial. Si este es inadecuado, hará que las situaciones sociales se vean como amenazantes; el fracaso del niño en esas situaciones hará que crea que no es capaz de enfrentarse eficazmente a esos retos interpersonales y su conducta de timidez e inhibición se desarrollará y consolidará.

El **niño ansioso-inseguro** cuando llega a la guardería o al colegio tiende a evitar a los desconocidos, es reticente para explorar nuevos ambientes y se mantiene solo, lo que reduce las oportunidades de interacción y por tanto las posibilidades de aprender las conductas sociales. El fracaso en las relaciones aumenta los sentimientos de ansiedad y el niño se aísla del grupo. Y, con el tiempo, puede acabar en el rechazo y la exclusión por parte del grupo.

Factores de riesgo y factores de protección de la timidez

En consonancia con esta perspectiva interactiva, y a modo de conclusión de lo expuesto en este apartado, es preciso destacar que existen factores de riesgo y factores de protección, y la vulnerabilidad a la timidez en cada niño en concreto va a depender del equilibrio y la conjunción entre ambos factores.

Aprendemos...

Factores de riesgo	Factores de protección
• Temperamento inhibido.	• Alta expresividad temperamental.
• Apego inseguro-ansioso.	
• Estilo parental autoritario, negligente o permisivo.	• Apego seguro.
	• Estilo parental inductivo o de apoyo.
• Escasa estimulación social temprana.	• Padres socialmente competentes.
• Padre o madre tímidos.	• Redes de apoyo social.
• Escasas o experiencias negativas de relación con iguales.	• Interacción recíproca y satisfactoria con los iguales.
• Deficiencias en habilidades sociales.	• Relaciones de amistad.
• Ansiedad social.	• Integración grupal.
• Pensamientos negativos y distorsiones cognitivas.	• Pensamientos positivos.
	• Anticipación de resultados positivos.
• Eventos traumáticos.	• Acontecimientos vitales agradables.

Desarrollo, mantenimiento y fortalecimiento de la timidez

Los aspectos que contribuyen al desarrollo y mantienen o fortalecen el comportamiento social inhibido son los siguientes:

1. Recompensa de las conductas tímidas

El niño obtiene beneficios y recibe atención por su conducta tímida.

> - La madre acaricia a la niña cuando se muestra tímida y le da vergüenza y no saluda a una vecina que se encuentran en el ascensor.
> - La profesora da un caramelo a Carlos porque es el alumno que más callado ha estado en la clase; ¡no ha abierto la boca por vergüenza!

2. Ignorancia de las respuestas adecuadas de interacción

Cuando el niño interactúa con otros de forma adecuada y las personas con las que está no hacen ni le dicen algo positivo, su conducta no solo no se fortalece, sino que se extinguirá.

> - Arturo por fin se atreve a preguntar en clase de música y la profesora, a pesar de que siempre le está diciendo que hable, no le dice nada, ni siquiera le hace un gesto de aprobación.

3. Castigo de las conductas de interacción adecuada

En algunos casos ocurre que las interacciones adecuadas son castigadas o van seguidas de burlas, humillaciones, reprimendas y amenazas.

> - Paula se atreve por fin a contar un secreto a sus amigas y ellas se mueren de risa y se lo cuentan a todo el mundo.
> - Rocío baja al parque y, aunque le cuesta mucho, se dirige a dos chicas que están jugando a la pelota y les pregunta que si puede jugar con ellas y contestan que no y además la humillan («no queremos que juegues con nosotras porque eres muy sosa jugando»).

Si ella recibe a menudo negativas de este tipo, terminará inhibiéndose y evitando muchas de las situaciones interpersonales en las que tiene que pedir algo a los demás.

4. Observación de modelos tímidos e inhibidos

La conducta tímida también se explica por exposición a modelos tímidos y retraídos, junto a carencia de modelos sociales asertivos y seguros. Los modelos posibles pueden ser: hermanas, primos, vecinos, amigos, padres, profesorado y adultos en general.

> • Marta observa que la profesora elogia el comportamiento de su compañera de mesa, Ana, que es una niña muy inhibida que permanece sola y callada.

Actualmente son muy importantes y de notable impacto los modelos virtuales en los medios de comunicación, en las pantallas y en las redes sociales.

Un niño puede coger miedo a hablar en público si hace una pregunta en clase a la profesora y esta le dice: «Ya lo he explicado y no te has enterado; estás en las nubes» (esto sería castigo).

En algunos casos se juzga como heredado algo que se ha adquirido por observación continua y repetida de los padres y otras figuras significativas (hermanas, compañeros…). Un padre que afirma de su hijo tímido: «le viene de familia; es idéntico a mí», y no se da cuenta de que le ha estado enseñando conductas como: no salir de casa con amigos, recibir a poca gente en casa, no expresar sentimientos y decir cosas como «ya te decía yo que no jugaras con los niños, que son muy malos y te pegan».

5. Asociación de situaciones interpersonales con ansiedad y temor

Determinadas situaciones interpersonales se asocian con ansiedad, temor o incomodidad, con lo que el niño llega a evitar o escapar de esas personas o situaciones.

- Paula teme a los otros niños después de que la han mordido y le han roto su mochila.
- Pablo no quiere ir al entrenamiento porque el otro día el monitor le chilló y le humilló delante de todo el equipo; él se puso colorado, le temblaba la voz y al final rompió a llorar delante de todos.

Para la mayoría de los niños y niñas, gran parte de las conductas interpersonales (jugar, charlar, recibir alabanzas, etc.) son reforzadores importantes, pero para los niños tímidos estas situaciones pueden asociarse con ansiedad y malestar.

Todo esto hace que se presenten conductas de escape y/o evitación. La ansiedad social y el fracaso que el niño experimenta en las situaciones interpersonales le impulsan a evitar dichas situaciones. Esto contribuye a que el niño se pierda, se prive de los beneficios de las relaciones entre iguales. Si además actúa en la situación interpersonal y fracasa, esto aumentará su ansiedad social.

6. Reforzamiento negativo

La ansiedad que el niño tímido experimenta se reduce por la evitación de situaciones interpersonales. Por ejemplo, como anticipa que se va a encontrar a disgusto si baja al parque con otros niños, se queda en casa, resultando que no relacionarse es un alivio. Y en lo sucesivo evitará situaciones sociales que le resultan incómodas.

- ¿Tiene consecuencias negativas el ser tímido durante la infancia?
- ¿Qué riesgos y qué peligros tiene ser tímido?
- Si una niña es tímida en la infancia, ¿seguirá siendo tímida en la adolescencia y cuando sea adulta?
- ¿Cómo puede afectar a su vida futura?
- ¿La timidez se cura?, ¿qué pronóstico tiene?

La timidez está asociada con otros problemas

La timidez en las edades infantil y preadolescente es, en sí misma, un problema que entorpece el desarrollo normal y se asocia con diversas dificultades y riesgos para la salud mental del niño o niña.

Conviene matizar y poner de relieve en este punto que la timidez puede ser vista como factor desencadenante de otros problemas; por ejemplo, el niño tímido se convierte en el blanco perfecto de burlas e intimidaciones de un grupo de compañeros de su clase, pero también, como consecuencia de sus problemas, los compañeros no le aceptan y empieza a retraerse y a inhibirse cuando está con ellos.

> • Mohamed es marroquí y desde que ingresó en el instituto encuentra que sus compañeros no le aceptan; esto le hace sufrir y cada vez se va cerrando más en sí mismo.

Problemas de aceptación social: ignorancia, rechazo y exclusión social

Se entiende la aceptación social como el grado en que un niño es querido y aceptado en su grupo de iguales. Se diferencian cinco grupos:

- **Aceptados**: niños con alta aceptación y bajo rechazo; son queridos y tienen muchos amigos.
- **Rechazados**: niños con baja aceptación y alto rechazo; no son queridos.
- **Ignorados**: niños con baja aceptación y bajo rechazo; son olvidados en la dinámica del grupo.
- **Controvertidos**: niños con alta aceptación y alto rechazo; tienen tantos amigos como enemigos.
- **Medios**: niños con aceptación media y rechazo medio.

Las conductas de los tímidos influyen negativamente en la percepción que los otros tienen de ellos, que les ven como aburridos y poco atrayentes. Por esto pueden ser ignorados y hasta rechazados. Niñas y niños tímidos pueden tener baja aceptación social en el grupo de compañeros, ya que en ocasiones pasan desapercibidos y a veces son rechazados por su comportamiento retraído y ansioso. Así queda patente en las justificaciones del rechazo o no aceptación que dan algunos niños: «Es muy tímida», «es muy soso y no habla con nadie», «se corta mucho y lo pasas mal cuando le ves tan nervioso».

Inicialmente el niño se retrae y aísla del grupo, y es en la infancia media cuando sufre el aislamiento del grupo, ya siendo rechazado o ignorado (la forma más benigna de no aceptación).

Leemos...

- «Me cuesta mogollón intervenir en las conversaciones. A veces me desanimo porque, encima, cuando me armo de valor y logro intervenir, mi opinión ni se nota, es ignorada y nadie la tiene en cuenta, ¡cómo si no hubiera dicho nada! Para mis compañeros es como que no existo; vamos, que soy un cero a la izquierda para ellos. Esto es muy duro para mí».
- «Siempre he tenido la impresión de ser invisible. Nadie me ha tenido en cuenta. Si falto a clase, nadie lo nota; si hay una fiesta de cumpleaños, se les olvida invitarme...».

Aprendemos...

- Es distinto retraerse del grupo que ser excluido o rechazado por el grupo.
- No todos los niños tímidos son ignorados por los demás.
- No todos los niños tímidos son rechazados por los demás.

Una última consideración para dejar constancia de que, en este punto, persisten dudas respecto a determinadas relaciones causales y quedan sin respuesta algunos interrogantes, ya que, en este momento, no se está en condiciones de especificar si es la timidez la causa de la baja aceptación, es decir, la timidez previa del niño es el origen de la ignorancia o el rechazo, o si ocurre al revés, la falta de aceptación social es la causa de la timidez. Algunas de las explicaciones esgrimidas al respecto son las siguientes:

- ¿Por qué se llega a rechazar a un niño tímido? Sus conductas expresión de la timidez (tartamudear, indecisión, eludir la mirada…) no son agradables para los otros; bien al contrario, se convierten en incómodas. Además, los niños retraídos suscitan menos respuestas sociales positivas en los iguales y, a la larga, se produce una baja tasa de interacción.

- ¿Por qué la baja aceptación conduce a la timidez y a la inhibición? El niño no aceptado anticipa la evaluación social negativa y se dispara el comportamiento inhibido durante la interacción social.

Acoso, intimidación o maltrato entre iguales (bullying)

Se considera «bullying, intimidación o maltrato entre iguales» cuando un chico o chica, o un grupo, pega, intimida, acosa, insulta, humilla, excluye, incordia, ignora, pone en ridículo, desprestigia, rechaza, abusa, amenaza, se burla, aísla, chantajea, tiraniza, etc., a otro compañero o compañera de forma repetida y durante un tiempo prolongado, y lo hace con intención de hacer daño. Es el maltrato físico, psicológico, sexual o social sistemático de un chico o grupo hacia otro.

Cuando hablamos de intimidación entre compañeros hay que tener en cuenta a:

- El intimidador o agresor, o el grupo, que provoca el maltrato.
- La víctima, que sufre la intimidación y está indefensa.
- Las y los espectadores, compañeros que observan y/o sospechan que suceden los actos de intimidación, pero no suelen hacer nada.

Un intimidador (con fuerza física y/o poder psicológico), sin ninguna razón, se mete con un chico o una chica más débil (física o psicológicamente) y, además, lo hace reiteradamente y nadie de los que lo observan le dice o hace nada para evitarlo, cortarlo o pararlo.

Por lo tanto, el *bullying* no es un conflicto o problema entre iguales (un enfado, una divergencia, una faena...), ni una broma puntual (esconderle la mochila, mandarle un anónimo), ni una agresión esporádica (una pelea), sino algo mucho más serio, porque se refiere a una relación patológica continuada entre el agresor y la víctima.

En este tema las investigaciones aportan los siguientes datos:

a) La timidez es una característica habitual del perfil de las víctimas típicas, que suelen ser niños socialmente aislados, retraídos, inseguros e inhibidos.

b) Muchas víctimas autoinforman de sentimientos de soledad en el grupo; no tienen amigos ni personas de confianza, careciendo de red de apoyo social.

c) Los agresores señalan la conducta tímida y ansiosa como uno de los «disparadores» del inicio de la intimidación.

d) Entre las acciones que lleva a cabo el intimidador muchas tienen un matiz interpersonal, como es el caso de las siguientes:

- Exclusión grupal y deliberada del grupo de compañeros.
- Aislamiento social, «no ajuntar», hacer el vacío, no dejar participar.
- Manipular las relaciones de amistad.
- Hablar mal, difamar, crear rumores.

Muchos de estos aspectos corresponden con el perfil conductual de la timidez; por eso es preciso estar muy atentos, ya que los niños tímidos se convierten en blanco fácil para los intimidadores por su escasa seguridad personal y su carencia de redes de apoyo social; no son fuertes ni tienen amigos.

Leemos...

Lucas es el más bajo de la clase y tiene una apariencia física débil. Es un chico un poco tímido y cortado y cuando tiene que intervenir en clase lo pasa mal, tartamudea y se pone colorado.

Desde el año pasado, Juan, Marta y Víctor, tres compañeros del instituto que viven al lado de su casa empezaron a gastarle bromas pesadas: «¿desde cuándo los enanos van al instituto?, ¿no irías mejor a la guardería?, ¿qué llevas en la mochila?, ¿los pañales?, ¿el biberón?».

Últimamente esto se repite con bastante frecuencia, de forma que muchos días a la salida del instituto le cogen la mochila, le sacan el material escolar y le estropean las cosas; le han llegado a romper trabajos y le han quitado los rotuladores y el material de Plástica. Además, Marta le quita la visera, se la tira al suelo y dice: «Perdona Lucas, se me ha caído».

Su padre y su abuela le riñen porque dicen que está siendo muy descuidado con el material escolar.

Lucas no sabe a quién contárselo porque no tiene amigos ni amigas de confianza. También le da vergüenza que alguien sepa lo cobarde que es y lo está sufriendo en silencio.

Extraído del libro: Monjas, I. y Avilés, J. M.ª (2003). *Programa de sensibilización contra el maltrato entre iguales.* REA y Junta de Castilla y León.

Maltrato infantil y abuso sexual

Las investigaciones realizadas en los últimos tiempos señalan una determinada asociación entre timidez y maltrato infantil y abuso sexual, aunque es importante matizar que, frecuentemente, no está claro el sentido de la relación, ya que, por ejemplo en el abuso sexual, se encuentra que:

a) Las niñas y niños tímidos son más fácilmente blanco de abusos, ya que su perfil conductual los convierte en víctimas fáciles, callados, con escasa red de relaciones sociales, poco asertivos, pobres habilidades de petición de ayuda y de comunicación de emociones.

b) Uno de los síntomas del niño maltratado y/o abusado sexualmente es el aislamiento social y la introversión, de modo que un retraimiento acusado puede ser consecuencia e indicador de abuso sexual.

Una recomendación importante para las familias es que, si se produce un cambio significativo en la conducta del niño, por ejemplo se empieza a retraer y deja de comunicarse con iguales o con adultos, hay que investigar qué está pasando.

¿Bajo rendimiento escolar?

Aunque no se dispone de apoyo empírico, parece que existe la sospecha de que el rendimiento escolar de los niños tímidos es inferior al de sus compañeros y, a la larga, pueden llegar a presentar problemas académicos. No resulta difícil entender esto, ya que un niño temeroso puede tener dificultades para concentrarse y no está en buenas condiciones para aprender porque se enfrenta a la tarea escolar con alto nivel de ansiedad. Esto se agudiza más con la edad, pues los adolescentes presentan más pensamientos negativos e irracionales y más problemas emocionales que interfieren con la concentración y el rendimiento.

Leemos...

«Cuando temo que me pregunte la profesora en clase, empiezo a ponerme nervioso, me distraigo y me quedo en blanco. Si al final me pregunta algo de lo que está explicando, no sé nada, porque no me he enterado de qué iba la explicación» (Jesús, 11 años, 6.º de Educación Primaria).

«Lo que menos me ha gustado de esta asignatura ha sido cuando la profe nos hacía preguntas directamente; yo temblaba pensando que me preguntaba a mí y que no iba a saber responder; me daba lo mismo lo que fuera porque con el estado de nervios que tenía, era incapaz de responder a cualquier cosa, aunque fuera cómo me llamo» (Carmen, 13 años).

«En clase muchas veces estoy distraída dando vueltas a mis problemas para ver si soy capaz de salir de esta cárcel en la que estoy metida» (Ainoa, 14 años).

Aunque la timidez puede afectar a su rendimiento escolar, también puede ocurrir que las dificultades emocionales e interpersonales del niño tímido le hagan centrarse más en los estudios y vea en ello una forma de destacar y ser reforzado y mejore su rendimiento escolar. En este caso se incrementarían sus calificaciones escolares como mecanismo de compensación a sus dificultades interpersonales.

Conductas desajustadas

La timidez puede estar relacionada con diversas conductas desajustadas, principalmente en preadolescentes y adolescentes, como el abuso de sustancias (alcohol, drogas…), porque les ayuda a desinhibirse para afrontar situaciones interpersonales temidas.

El aislamiento y retraimiento social pueden predecir conducta antisocial grupal e incluso delincuencia juvenil. Una razón explicativa puede ser que al no es asertivo, tiene más dificultades para resistirse a las presiones del grupo de iguales y acaba participando en estas actividades. Otras veces resulta ser el chivo expiatorio de lo que hacen los demás.

Abuso de las tecnologías de la información y la comunicación (TIC)

Ocurre que algunos niños y adolescentes tímidos sienten mucha vergüenza en las relaciones cara a cara y, en cambio, *online* son mucho más extrovertidos y abiertos, lo que conlleva el riesgo de abusar de las TIC, porque se sienten más cómodos y competentes interactuando en la red que de forma presencial. A este respecto, la familia tiene que estar muy pendiente y supervisar directamente el uso que su hijo hace de estos dispositivos.

Los principales riesgos asociados al uso inadecuado y excesivo de las TIC para los niños tímidos pueden ser:

1. Vida sedentaria, con escasa actividad física y pérdida de horas de sueño.

2. Privación social y reducción de la interacción presencial. Pocos amigos presenciales.

3. Alteración del estado emocional, acceso a contenidos inadecuados (sexo, porno, agresividad…) y prácticas inadecuadas (comida, belleza…).

4. Los modelos a imitar son los *influencers* y las *celebrities*.

5. Ciberacoso, *sexting,* comunidades peligrosas, juegos en línea, apuestas, videojuegos.

6. *Grooming* (acoso y abuso sexual *online*). Adulto que contacta con un niño con el objetivo de ganarse su confianza para finalmente envolverle en actividades sexuales.

7. *Vamping:* conectado por la noche, antes de dormir.

8. Conductas de riesgo: retos virales, páginas web de suicidio, *fakenews,* participación en grupos de odio.

9. *Phubbing:* olvidar a los otros, porque estás en lo digital.

10. Exposición a contenidos inadecuados de adultos.

Estabilidad de las conductas de timidez

La creencia de que la conducta socialmente inhibida en la infancia es algo temporal que pasará y mejorará con el tiempo y la edad («Es muy vergonzosa, pero ya se le pasará cuando crezca») es una creencia infundada que ha de abandonarse porque no se sustenta con argumentos científicos. Más bien al contrario, la evidencia afirma que la timidez es bastante estable a lo largo de la infancia y adolescencia y que existe continuidad hasta edades posteriores.

Parece pues que, si el problema de timidez no se identifica y detecta precozmente, puede desarrollarse y estabilizarse y el pronóstico es negativo y preocupante. Si no se hace nada para evitarlo, hay mucha probabilidad de que el niño tímido sea un adolescente tímido y llegará a ser un adulto con problemas emocionales.

Futuras consecuencias de la timidez

La conducta de timidez no solo es indicativa de problemas actuales, sino que, si no se ataja, puede conllevar futuros problemas en la juventud y en la vida adulta, principalmente problemas socioemocionales, de personalidad, ansiedad social, depresión, y fobia social.

Con respecto a la <u>fobia social</u>, se señalan una serie de aspectos que hacen más probable su aparición y entre ellos están la introversión y el aislamiento social en la infancia y adolescencia. Se describen dos tipos de comienzo de la fobia social: repentino, posterior a una experiencia traumática, o progresivo, que supone una evolución de la timidez durante la edad infantil. Los niños tímidos son sujetos de riesgo para la fobia social.

Algunos trabajos sobre el origen de la <u>depresión</u> contemplan la timidez como factor etiológico y de riesgo. Así, por ejemplo, se incluye entre las variables que conducen a la escasez de reforzamiento positivo que se considera causa de la depresión infantil, y se señala la timidez como factor personal de vulnerabilidad social y, por tanto, como factor de riesgo de la depresión.

> «He sido muy tímida toda mi vida y lo he pasado muy mal; he sufrido mucho y sigo sufriendo por mis dificultades para estar con la gente, siempre con temores y con mucha inseguridad, siempre deprimida y triste... No he sabido disfrutar de la vida. ¡Qué envidia me daba ver a otras compañeras actuar con soltura! No quiero que mi hija pase lo mismo que yo pasé. Reconozco que no soy un buen modelo para ella. ¿Qué puedo hacer para ayudarla?».
>
> (Madre de una niña de nueve años.)

Estos riesgos nos llevan a propugnar la necesidad no solo de prevención, sino también de detección precoz y de intervención temprana.

4

¿Cómo puedo ayudar y acompañar a mi hijo tímido?

Qué hacer

- ☑ Cuida la comunicación familiar.

- ☑ Invita a amigos o compañeras con quien tu hijo tenga buenas relaciones.

- ☑ Crea rutinas familiares y horarios de charlas, lectura, vídeos.

Qué no hacer

- ☒ Evita reprocharle su comportamiento retraído.

- ☒ Evita que pase mucho tiempo con las pantallas.

- ☒ Evita obligarlo a situaciones sociales nuevas o complejas.

Consideraciones iniciales

La exposición hecha en los capítulos previos revela que la timidez en la infancia y adolescencia puede alertar de dificultades y, si no se interviene de forma preventiva, puede conllevar futuros problemas emocionales, motivos por los que se enfatiza la necesidad de ocuparse y prestar atención a su prevención en estas edades.

En este capítulo se presentan unas líneas básicas para el abordaje de problemas de timidez, dentro de una filosofía de desarrollo de la sociabilidad y la competencia social y emocional, promoviendo la salud mental y favoreciendo la resiliencia. Estos contenidos han de entenderse como orientaciones, sugerencias y/o recomendaciones para poder utilizarse en un amplio espectro de conductas de timidez y retraimiento social en infancia y adolescencia, pero cada padre, madre o profesional ha de contextualizar y ajustarlos, seleccionando los aspectos que le parecen más apropiados y oportunos para su caso concreto.

Cada niño tímido es único

Aunque vamos a dar unas orientaciones generales, es necesario resaltar que cada niño y cada adolescente tímido es único, por eso lo que se haga debe ajustarse a su edad, características, grado de timidez, historia de su conducta de timidez, motivación para cambiar... y también a las peculiaridades de la madre o el padre y del núcleo familiar, escolar y social. Será preciso tener en cuenta cuáles son los principales síntomas en el niño concreto (escasa interacción, «se come el coco», y no tiene nada de seguridad en sí mismo...) y cuál ha sido su evolución, para plantear la estrategia más adecuada. También hay que considerar que estas orientaciones se dirigen a un amplio rango de edad, desde niños pequeños hasta adolescentes, por lo que es preciso tener en cuenta las características evolutivas de cada edad. Por supuesto que con los niños tímidos más pequeños hay que ser más directivo y con los adolescentes habrá que respetar sus cambios de humor, sus deseos de intimidad, su aspereza afectiva en algunos momentos, ¡que no está reñida con sus ganas de mimos y cercanía afectiva en otros!

¿Tu hijo necesita ayuda profesional especializada?

Es preciso recordar de nuevo que nos centramos en problemas de timidez no extrema que pueden abordarse desde contextos familiares normalizados, no clínicos. Cuando el problema es grave y está causando dificultades importantes al niño o a la familia, se debe pedir ayuda terapéutica especializada y desde aquí recomendamos su derivación a servicios psicológicos.

Tú puedes ponderar la gravedad del problema de tu hijo. Repasa en el capítulo 1 el apartado «Es normal cuando... Es problema cuando... Es alarmante cuando...» y decide si necesitas más ayuda. No te quedes intranquilo y consulta tus dudas y sus inquietudes. ¡Más vale prevenir que curar!

¿Qué hacer?, ¿por dónde empezar?

- ¿Cómo puedo ayudar a mi hijo?
- ¿Qué se puede hacer para prevenir su timidez?
- ¿Qué se puede hacer para superar y vencer su timidez?
- ¿Qué tengo que hacer?, ¿qué tengo que evitar?
- Yo no soy profesional ni entiendo nada de psicología, ¿puedo ayudar de verdad a mi hijo para que deje de pasarlo mal?

Quieres ayudar a tu hijo tímido a que supere sus dificultades en las relaciones interpersonales y seguro que, a lo largo de la lectura de los capítulos anteriores, se te han ido ocurriendo cosas que puedes ir haciendo para atajar su timidez y retraimiento, cosas que crees debe aprender, cosas que tienes tú o tu familia que cambiar..., pero ¿por dónde empezar?

Seguidamente te vamos a ofrecer unas pautas que te pueden orientar a lo largo del camino que quieres emprender.

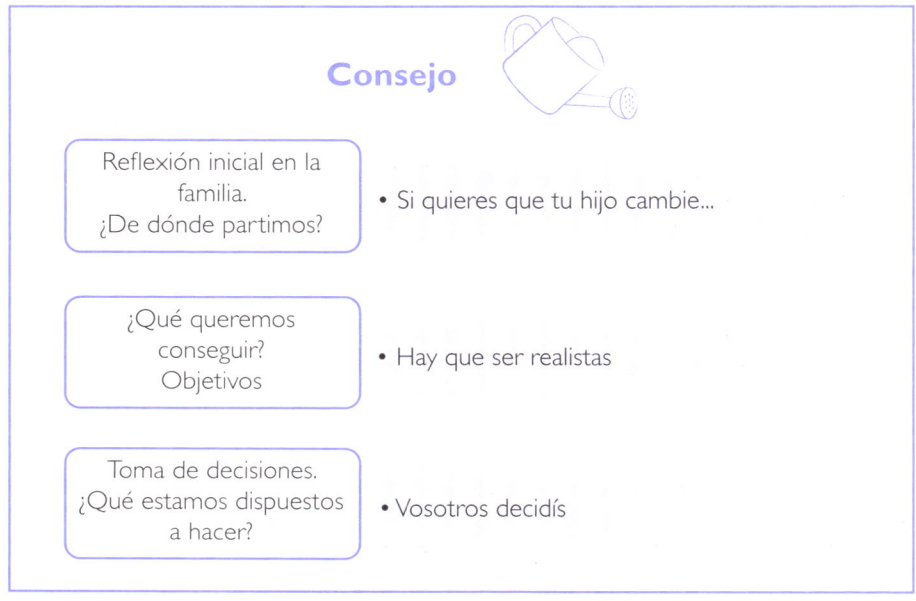

Reflexión inicial en la familia: ¿de dónde partimos?

Como ya sabes por lo que has leído en el capítulo 3, la conducta de tu hijo no es algo totalmente individual, porque está relacionada con lo que hacen las personas que están a su alrededor. Por ello, hay que abordar la situación de forma conjunta en la familia, tratando de poner las cosas en común y de ser coherentes con las actuaciones que se van a emprender.

1. Reflexiona sobre vuestra vida familiar y la conducta de relación interpersonal de la madre, del padre y de las otras figuras relevantes (hermanas y hermanos, abuelos…):

   - ¿Qué vida social llevamos?
   - ¿Qué relaciones tenemos con otras personas?
   - ¿Qué importancia damos a la conducta emocional y social?

- ¿Estamos siendo un modelo del comportamiento tímido para mi hijo?

2. Revisa y analiza el estilo y dinámica familiar:

- ¿Qué clima familiar hay en nuestra casa?
- ¿Qué tipo de disciplina utilizamos?
- ¿Cómo es la comunicación en casa?, ¿hablamos y dialogamos?

3. Piensa sobre lo que hacéis ante la conducta de timidez de tu hijo:

- ¿Qué hacemos para que nuestro hijo sea tímido? ¿Qué hemos hecho hasta este momento?
- ¿Qué hacemos para que nuestro hijo deje de ser tímido? ¿Qué hemos hecho hasta este momento?
- ¿Estimulamos a nuestro hijo para que se relacione con otros niños?
- ¿Damos importancia a la conducta tímida de nuestro hijo?, ¿nos interesamos por sus problemas y dificultades de relación interpersonal?

De estas reflexiones se extraerán conclusiones respecto a cambios en tu propia conducta, en la de otros miembros de la familia y en la dinámica y clima familiar.

> *Si quieres que tu hijo cambie, tienes que cambiar tú y los otros miembros de la familia*

¿Qué queremos conseguir?: objetivos y habilidades concretas

La meta final es que el niño tímido se encuentre bien consigo mismo, disfrute de las relaciones interpersonales y llegue a mantener interacciones gratificantes y satisfactorias con los otros compañeros y con los adultos. Para conseguir esta meta es preciso plantearse una serie de objetivos más concretos y específicos, como pueden ser los siguientes:

- Que se relacione más y mejor con otras niñas y niños.
- Que esté menos tiempo solo.
- Que esté más cómodo, que no esté nervioso y tenso en compañía de otras personas.
- Que no esté pendiente de cómo le van a evaluar los demás.
- Que se valore más y tenga más confianza en sí mismo.
- Que piense en positivo, con entusiasmo e ilusión.

Pero para la aplicación práctica es necesario enseñar conductas concretas que el niño no posee (por ejemplo, iniciar conversaciones, presentarse ante gente nueva o hacer peticiones a adultos), aumentar y fortalecer conductas adecuadas que no hace frecuentemente (por ejemplo, participar en conversaciones, exponer y defender sus opiniones, pedir un favor) y, por otra parte, disminuir lo que está interfiriendo en su conducta interpersonal (por ejemplo, pensamientos incómodos, diálogo interno negativo o ansiedad social).

Los siguientes son ejemplos de distintas habilidades a trabajar, en función de la edad y las características concretas.

Leemos...

PAULA, cinco años:

- Llora fácilmente por cualquier cosa.
- Solo se dirige a la profesora cuando necesita algo de forma urgente.
- Habla muy poco con las y los compañeros.
- No se defiende cuando algún niño la insulta, la agrede o le quita algo.
- No negocia ni lucha con los demás para coger los juegos que le gustan, sino que espera a coger los que no quiere nadie.
- En opinión de la profesora: «No me habla casi nunca y no responde a mis preguntas, o si lo hace es en un tono de voz muy bajo. Es muy obediente; cuando doy indicaciones para iniciar cualquier actividad, ella es la primera en acatarlas. Está siempre muy pendiente de lo que yo digo».

Consejos

Habilidades a trabajar:

- Hacer peticiones durante el juego.
- Hacer preguntas a los compañeros y compañeras.
- Saludar a los compañeros de mesa cada mañana y cada tarde.
- Comunicar deseos ante preguntas formuladas por la maestra: «¿Qué quieres hacer ahora?, ¿qué juego prefieres?, ¿con qué niño o niña te quieres sentar?».

Leemos...

ARTURO, 12 años:

- Sus amigos se quejan de que es muy callado y aburrido.
- No dice a qué sitios quiere ir o qué actividad prefiere hacer.
- No toma nunca la iniciativa.
- Sale poco de casa y pone excusas cuando le van a buscar los colegas.
- *Se come mucho el coco* y es muy indeciso.
- Verbaliza cosas negativas: «se me da mal», «soy así de negado».
- No se atreve a decir nada a la chica que le gusta; cuando se le acerca, tartamudea, se pone nervioso y lo pasa fatal; los compañeros provocan estas situaciones para reírse de él.
- Abusa de las TIC.

Consejos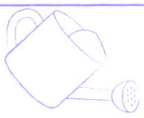

Habilidades a trabajar:

- Participo en las conversaciones de mis compañeros, ¡aunque me cueste!
- Expreso mis deseos, emociones y gustos cuando estoy con mis amigos.
- Afronto las bromas de mis colegas y les respondo.
- Hago preguntas a las compañeras de clase.
- Me digo cosas positivas a mí mismo antes de situaciones difíciles.
- Observo mis cosas positivas: yo valgo mucho.
- Respeto un horario de utilización de las TIC.

Centrándote en tu hijo o hija en concreto, tienes que plantearte qué objetivos y habilidades quieres lograr. Para ello:

Consejos

1. Haz una la lista de las conductas de timidez que has observado en tu hijo.
2. Formula los objetivos concretos que quieres conseguir.
3. Ordénalos de más fácil a más difícil. Empieza por lo sencillo y, poco a poco, a medida que se van consiguiendo pequeños logros, ir pasando a los más complicados.
4. Hay que ser realista y tener en cuenta de dónde se parte y lo que estáis dispuestos a hacer y plantear objetivos acordes a ello.

Toma de decisiones: ¿qué estamos dispuestos a hacer?

Preocúpate y ocúpate de la timidez de tu hijo. No sirve solo con estar preocupado, sino que hay que ponerse manos a la obra.

Consejos

- Implicación.
- Dedicación.
- Ánimo y expectativas positivas.
- Perseverancia y paciencia.

a) Implicación

Es preciso la implicación de todas las personas que conviven en el domicilio familiar y/o tienen relaciones significativas con el niño tímido. Padres, abuelos, otros hermanos, primos y demás familia tienen que estar comprometidos a participar directa y activamente en las actuaciones que se lleven a cabo con el niño tímido.

Por supuesto que tu hijo tiene que saber que toda su familia se va a implicar en ayudarle; déjale claro tu apoyo y el de la familia en todo lo que necesite.

b) Dedicación

Reserva tiempo; los cambios que quieres hacer necesitan una dedicación de tiempo, de atención, de energía, de preocupación y de esfuerzo.

Sería muy conveniente organizarse para dedicar a tu hijo un tiempo «especial» al día y a la semana; en función de su edad y características puede ser tiempo para: a) jugar, pasear, contar historias...; b) ayudar en las tareas escolares; c) charlar, dialogar, discutir...; d) juegos de mesa, *hobbies*, coleccionismo, manualidades, música, deportes, idiomas, ordenador..., y e) actividades placenteras en común toda la familia (un paseo, tomar un chocolate, hacer una salida o excursión...).

c) Ánimo y expectativas positivas

Te aconsejamos que empieces con actitud positiva, ánimo y entusiasmo, pensando que las cosas van a ir bien. No hay que crearse falsas esperanzas, pero es conveniente ser optimista. Piensa que manifestar explícitamente perspectivas positivas sobre la evolución favorable de la conducta de tu hijo contribuirá eficazmente al éxito de los intentos de cambio. Además, es muy adecuado crear en el propio niño buenas expectativas sobre lo que se va a hacer, ya que de este modo se garantiza su adecuado nivel motivacional e implicación.

d) Perseverancia y paciencia

Ármate de paciencia y tranquilidad, ya que los cambios no se producen drásticamente; solamente hay cambios espectaculares en los libros o en las películas.

Hay que ir poco a poco, paso a paso y empezar por conductas sencillas y fáciles y progresivamente ir proponiendo conductas más complejas.

> Tú y los otros miembros de la familia tenéis que decidir vuestro grado de implicación y dedicación y vuestra actitud.

¿Cómo hacerlo? Recomendaciones y sugerencias

En esta sección ofrecemos orientaciones para ayudar a que las familias aborden la situación de sus hijos tímidos, tratando de prevenir problemas posteriores. Y cada familia, en función de sus intereses y circunstancias, ha de elegir qué quiere y qué puede hacer entre las posibilidades que se presentan.

Son sugerencias generales que están encaminadas a mejorar la vida familiar, lo cual redundará, no solo en la prevención y mejora de problemas de timidez de tu hijo, sino también en otras dificultades de índole emocional y social. Posteriormente se presentan pautas de qué cosas hacer y cuáles evitar. Algunas de estas recomendaciones son de sentido común, pero es preciso hacerlas de modo intencional y repetidamente hasta que se instauran en la dinámica familiar.

Cuidamos la comunicación en la familia

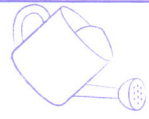

Consejos

1. Optimiza el buen clima y la comunicación en la familia.
2. Habla explícitamente con tu hijo de su problema de timidez.
3. Potencia la comunicación y colaboración con el centro educativo de tu hijo.

1. Optimiza el buen clima y la comunicación en la familia

- Promueve buena comunicación con tu hijo con problemas de timidez: aprende a escuchar y utiliza la escucha activa (*¡soy toda oídos!*), estimula su comunicación no verbal y su expresividad.

- Crea una relación positiva con tu hijo; refuerza los vínculos afectivos para que se sienta querido, aceptado con sus peculiaridades, comprendido, apoyado y estimulado.

- Construye un estilo familiar donde estén presentes, de forma simultánea, afecto, comunicación, límites y exigencias.

- Procura que tu hijo se sienta un elemento importante de la familia: que vea que se tienen en cuenta sus deseos y opiniones, que participa en los acontecimientos familiares y contribuye a la toma de decisiones. Fomenta su autonomía personal, su responsabilidad y su participación activa, de acuerdo a su edad.

- Consigue un clima positivo, motivante, optimista y cordial, donde tengan cabida los momentos lúdicos y festivos y no solo los serios. Hacer las cosas con ganas, con optimismo y con buen humor redundará en el bienestar de todos.

- Modifica las situaciones para favorecer las condiciones de relaciones agradables en casa; por ejemplo, cambiar rutinas cotidianas y, durante un rato al día, introducir juegos de mesa, en vez de estar con la televisión de fondo o con las TIC (tecnologías de la información y la comunicación).

2. Habla explícitamente con tu hijo de su problema de timidez y de sus dificultades interpersonales. Escúchale

- Debes interesarte por su vida personal e interpersonal, su satisfacción y sus emociones y ¡no solo por los estudios!: «¿Qué has hecho en el recreo?», «¿qué tal con tus amigas?», «¿cómo te has portado con la profesora de inglés?», «¿con quién has venido para casa?». Para su bienestar y para que su crecimiento psicológico sea adecuado, es muy importante cómo se relaciona con sus iguales, y lo querido, aceptado y valorado que es.

- Muestra interés por su timidez y por sus dificultades para relacionarse. Habla con él sobre el tema, sugiérele pistas y orientaciones, pero no te obsesiones y no le agobies; hay que estar en un complicado punto entre la cercanía y la distancia.

- Apóyale incondicionalmente; déjale claro que le quieres y demuéstrele explícitamente tu afecto y actitud positiva.

- Ponte en su lugar. Trata de comprender lo mal que se siente.

- Aprende a reconocer signos de que tu hijo está triste, preocupado, irritable y no se encuentra a gusto. Sé sensible a sus emociones. Si un niño dice «mamá, estoy muy triste», puede que la madre le haga unos mimos y le diga que enseguida se le va a pasar. Si ese mismo niño dice «mamá, me duele bastante la tripa», enseguida se le lleva al pediatra.

3. *Potencia la comunicación y colaboración con el centro educativo donde estudia tu hijo. Es preciso tener buen contacto y establecer vías de colaboración con el profesorado*

- Participa directamente en su proceso escolar; acude a las reuniones y pide una entrevista con el tutor cuando lo precises.

- Trabaja en coordinación con el psicopedagogo, la orientadora y el profesorado de apoyo, si es necesario.

Procuramos e intentamos

Lo único imposible es aquello que no se intenta

Consejos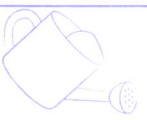

1. Cuida las circunstancias para que tu hijo participe.
2. Proporciónale modelos asertivos y seguros.
3. Elógiale y valórale.

4. Ayúdale, oriéntale y permanece cerca.
5. Estimúlale, motívale y anímale.

1. Cuidar las circunstancias y situaciones para que tu hijo participe en experiencias interpersonales satisfactorias

- Facilita la relación con otros niños y niñas y provoca situaciones de relación agradables.
- Pide ayuda a otro niño (primo, compañera, vecina...) que pueda ayudarle en cosas sencillas que no hace o le cuestan.
- Asiste a eventos familiares y sociales con tu hijo, pero cuida las situaciones y, por ejemplo, garantiza que estará al lado de algún niño con el que se lleve bien.
- Propicia interacciones que le resulten satisfactorias: fiestas de cumpleaños, ir al parque con otros, o invitar a primos o compañeros a jugar a casa.

2. Proporcionarle modelos asertivos y seguros (hermana, compañero, vecina) y reducir su exposición a modelos retraídos; los niños imitan más lo que ven y lo que oyen que lo que se les dice que hagan

- Por tu parte, predica con el ejemplo y sé un modelo adecuado. No ocultes tus emociones, exprésalas, tanto las agradables como las desagradables. Sé entusiasta, positivo y amable. No tapes tus propios errores, afróntalos con un matiz positivo y ganas de mejorar.
- En los libros de literatura infantil que veremos más adelante se pueden encontrar diversos modelos asertivos y competentes.

3. Elogiarle y valorarle las conductas adecuadas. El elogio, la sonrisa o la muestra de afecto de una conducta hace que esta tienda a repetirse

- Aprecia los intentos de afrontar situaciones interpersonales que le resulten difíciles.

- Ignora y retira tu atención de sus conductas de timidez, siempre que sea oportuno.
- *Engorda* su autoestima: alábale específicamente por las cosas que va consiguiendo.
- Recompensa los acercamientos que tenga a otros niños y reconoce explícitamente sus esfuerzos y logros.
- Apoya y valora cualquier esfuerzo y pequeño cambio de actitud respecto a su timidez.
- Haz que se sienta orgulloso y feliz de sus logros personales («¡Lo he logrado!»).

4. Ayudarle, orientarle y permanecer cerca

- Apóyale en los fracasos, enséñale a que aprenda de ellos y dale ánimos y pistas para mejorar en sucesivas ocasiones. Es necesario que desarrolle la capacidad de persistir y esforzarse frente a las dificultades y frustraciones.
- Oriéntale para que él mismo se proponga objetivos realizables y vaya consiguiendo pequeñas metas; esto contribuirá a mejorar su autoconfianza.
- Prepárale previamente para contactos interpersonales difíciles.
- Ayúdale a buscar modos de afrontar las situaciones temidas (¡sin evitarlas!); por ejemplo, ir a la fiesta y estar solamente un ratito.
- Muéstrale explícitamente tu cariño: «Te quiero mucho, mucho, muchísimo».

5. Estimularle, motivarle y animarle

- Manifiéstale expectativas positivas y dale confianza. «Seguro que te saldrá bien; aquí en casa te ha salido estupendo, así que con el cuidado que has puesto lo harás genial con tus compañeras».
- Poténciale y provócale experiencias de éxito; si lo que hace le sale bien, tendrá más confianza en sí mismo, se valorará más y procurará repetirlo.

- Reconócele sus esfuerzos y anímale para que continúe intentándolo.

Evitamos y prevenimos

Evita la ocasión y evitarás el peligro

Consejos

EVITA:

1. Situaciones muy difíciles.
2. Atender indebidamente sus conductas de timidez.
3. Comentarios y etiquetas.
4. Sobreprotección y/o excesivas exigencias.
5. Comparaciones desfavorables.
6. Reproches, sermones, sarcasmo o ironías.
7. Castigos, gritos, amenazas…

1. Situaciones difíciles que no pueda controlar o se le vayan de las manos

- Las que aumenten su ansiedad, por ejemplo ser el centro de atención y estar esperando todos a que él conteste.
- Los grupos numerosos.

2. Atender indebidamente sus conductas de timidez

- Prestarle atención (mirarle, escucharle) o recompensarle (acariciarle) cuando se muestra tímido.
- Actuar por él, justificando que es tímido.

3. Comentarios y etiquetas

- Sobre su timidez, aunque sean estrictamente descriptivas. «Es que es muy retraído, no te va a responder».

- Expresiones que pueden humillarle: «Si es que eres más soso que...». «¡Pero qué tímida eres, hija!». «Contesta: ¿es que te ha comido la lengua el gato?».

4. Tanto la sobreprotección como las exigencias excesivas

- La presencia sobreprotectora de hermanos, amigos o familiares que le bloquean y anulan y dale oportunidades de actuar por él mismo.
- Consentirle en exceso y no exigirle justificando que es muy retraída.
- Enfrentarlo a retos excesivamente difíciles; por ejemplo, ir al cumpleaños de una niña que no conoce.
- Forzarle y presionarle en algo que está fuera de sus posibilidades.

5. Las comparaciones, especialmente si son desfavorables para él o ella

- Evaluarle negativamente en comparación con otros niños o niñas; el punto de comparación debe ser el propio niño, independientemente de que todavía esté lejos de alcanzar lo que hacen sus hermanas, amigos o vecinas.

6. Reproches, sermones, sarcasmo o ironía

- Comentarios que le hagan sentir culpable: «Lo que me haces sufrir; tú, como siempre, sigue calladito». «Este no es hijo nuestro porque ni su padre ni yo somos así; habrá venido del planeta Marte».
- Lamentaciones en relación a su conducta de timidez: «Qué castigo me ha dado Dios con una niña tan vergonzosa».
- Sermones y razonamientos excesivos tratando de convencerle de que tiene que relacionarse más: «Tienes que convencerte de que no puedes seguir así porque...».

7. Castigos, gritos, amenazas y todo lo que suponga humillación o rechazo.

- Que los demás compañeros o las hermanas le insulten, le intimiden o se burlen de él por su conducta de timidez; más bien haz lo posible para estimular que los otros se involucren en ayudarle.
- Añadir coletillas a los elogios: «Muy bien hecho, así tendrías que hacerlo siempre y no otras veces que te quedas parado».
- Humillarle, descalificarle, ridiculizarle o menospreciarle por su conducta retraída.
- Amenazarle o castigarle por alguna conducta de timidez.
- Poner en evidencia sus faltas y errores.
- Exponerle, repetidamente, a situaciones de fracaso.
- Mostrarte con una actitud fría y distante.

Especial atención al uso y abuso de las TIC

Como hemos comentado en el capítulo 1, los niños tímidos, que sienten vergüenza y se cortan cara a cara, *online* son mucho más extrovertidos y pueden llegar a tener más relaciones y amigos virtuales, porque son más fáciles y menos exigentes que las presenciales. Desde luego las redes sociales son un importante agente y contexto socializador para los menores, que conectan con otras personas, comparten experiencias y reciben validación y aprobación social.

Pero hay que tener en cuenta el peligro de hacer un uso inadecuado y engancharse. El abuso de pantallas se asocia con problemas de aprendizaje, emocionales, aislamiento social y pocos amigos cara a cara, llegando en determinados casos a la adicción.

Se da la paradoja de que hoy en día las familias sobreprotegen a sus hijos en el mundo real; los acompañan al colegio y los inscriben en actividades extraescolares, siempre supervisadas por adultos de confianza; sin embargo, les permiten usar las pantallas en su habitación y a veces sin control.

Es necesario que la familia controle y supervise, estableciendo normas y límites, dónde, cuándo, cuánto tiempo y para qué usar las TIC. Siempre en presencia de adultos. ¡No en su habitación! Y, por supuesto, los adultos han de predicar con el ejemplo y ser modelos adecuados de sus hijos en el uso de la TIC.

De todas formas, es aconsejable conocer más sobre estos temas y hacer un plan digital familiar.

Consejos

- Guía de herramientas de control parental, INCIBE (Instituto Nacional de Ciberseguridad:

  https://files.incibe.es/is4k/is4k_guia_controles_parentales.pdf
- Internet Segura for Kids: Centro de Seguridad en Internet para menores en España gestionado por el INCIBE. Promueve el uso seguro de Internet y las nuevas tecnologías.

  https://www.youtube.com/@InternetSeguraforKids
- Plan Digital Familiar de la Asociación Española de Pediatría:

  https://plandigitalfamiliar.aeped.es/plandigitalfamiliar.php

---

Es recomendable planificar actividades fuera de los dispositivos tecnológicos: juegos de mesa, actividades en el parque, en la calle, en el campo, quedar con otras familias, actividades musicales y culturales, lecturas, actividades creativas, actividades deportivas... y todas aquellas que se realizan sin la necesidad de una conexión a Internet o dispositivos electrónicos.

Algunas actividades para aprender y disfrutar en familia

Se incluyen en este apartado un conjunto de actividades que suelen ser entretenidas y atractivas para niños y adolescentes, generan además un buen clima familiar y ayudan al logro de los cambios que pretendemos en los niños tímidos. Se refieren a literatura infantil y a actividades de expresión.

Literatura infantil y juvenil

Incorporamos la literatura infantil porque la lectura es uno de los medios más poderosos para conocer y aprender.

1. Facilita la identificación y ponerse en la piel de alguno de los personajes y posibilita conocer otros puntos de vista y comprender los pensamientos y emociones ajenos.

2. Estimula la reflexión y el análisis crítico respecto a la historia y su desarrollo y permite la formación y/o modificación de creencias, actitudes y opiniones.

3. La lectura puede llegar a ser un hábito y un auténtico placer.

Hemos seleccionado libros cuyos protagonistas tienen problemas de timidez, ansiedad o miedos. Sus circunstancias e inquietudes pueden ser cercanas a las de tu hijo, por lo que ayudan a dar respuesta a sus preguntas y preocupaciones. A título ilustrativo, presentamos el resumen de dos libros:

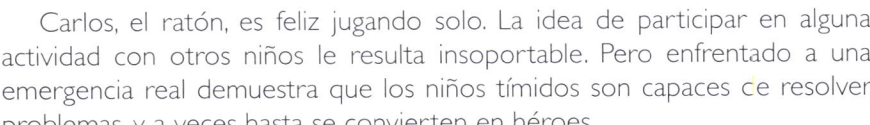

Leemos...

Carlos, el ratón, es feliz jugando solo. La idea de participar en alguna actividad con otros niños le resulta insoportable. Pero enfrentado a una emergencia real demuestra que los niños tímidos son capaces de resolver problemas, y a veces hasta se convierten en héroes.

(Tomado de *Carlos el tímido,* de C. Wells.)

Para lograr los mayores beneficios de la lectura, se aconseja lo siguiente:

1. El padre o madre lee el libro y considera si es adecuado para su hijo.

- Hay que elegir libros con historias positivas en las que el protagonista logra vencer su timidez.

- Atención a los libros en los que hay un cambio *espectacular* en la timidez del protagonista, porque habitualmente las mejorías en la vida real cuestan mucho más esfuerzo.

2. El niño tímido lee el libro individualmente o con sus hermanos, con la abuela, con los padres o con los amigos.

3. Puesta en común de las reflexiones que cada uno ha ido haciendo.

Es preciso complementarlo en familia con diálogos, explicaciones, debates y hasta dramatizaciones. También pueden realizarse distintas actividades en torno al libro; por ejemplo, dibujar los personajes o hacer unas marionetas de cartulina de estos y dramatizar la historia o inventar la letra de una canción.

Leemos...

«Cómo sería que, una vez, hasta se ensució los pantalones en clase, porque no se atrevió a pedir permiso a la señorita para ir al cuarto de baño. ¡Qué vergüenza pasó Molinete!».

«Se comprende que Molinete tuviera muy pocos amigos, porque a nadie le gusta tener un amigo tan soso. Algunos chicos se burlaban de él en los recreos, y le hacían versos».

(Tomado de *Molinete,* de P. Mateos.)

Estos párrafos, extraídos del libro titulado *Molinete,* del que es autora Pilar Mateos, pueden suscitar preguntas del siguiente tipo:

- *¿Qué ha pasado?, ¿qué ocurre en esta historia?, ¿cuál es el problema?*
- *¿Te ha pasado a ti alguna vez algo parecido?*
- *¿Conoces a alguien al que le haya pasado algo parecido?*
- *¿Qué hace Molinete? ¿Por qué crees tú que hizo/dijo eso?*
- *¿Por qué pasó eso?*
- *¿Cómo crees que se siente Molinete? ¿Por qué?*

- ¿Qué harías tú si estuvieras en su lugar? ¿Qué más?
- ¿Qué opinas de los compañeros de Molinete?
- ¿Qué emociones te ha producido la lectura del libro?

En el siguiente cuadro se incluye la síntesis de unos libros con protagonistas vergonzosos y tímidos que tienen dificultades para relacionarse. En el apartado «Lecturas recomendadas» se incorpora un listado, pero se aconseja ampliar la lista en función de la edad, características e intereses concretos de nuestro hijo o hija tímidos.

Leemos...

«Mimí Tomatito»	**«La tortuga Taratuga es tan tímida que parece muda»**
Mimí es tan tímida que casi no habla. En el colegio todos la llaman «Tomatito» porque, solo con oír su nombre, ¡se pone colorada!	La pequeña Taratuga jugaría con todos los animales si no tuviese tantos miedos. Le da vergüenza relacionarse y se siente insegura, por eso suele esconderse en su caparazón. Pero un día de gran tormenta ella superará su timidez y descubrirá.... ¡todo lo que es capaz de hacer saliendo de su escondite!
«Tengo un dragón en la tripa»	**«¿Por qué enrojecemos como tomates?»**
Se está preparando una función de teatro en el colegio y nuestro protagonista tiene miedo a hablar en público. Piensa que tiene un dragón en la tripa que le muerde y le roba la memoria, por eso no se acuerda de la frase que tiene que decir cuando le preguntan. ¿Cómo conseguirá vencer a un dragón tan terrible?	Es la historia de Julieta, una niña que está harta de ponerse más colorada que un tomate maduro cada vez que se encuentra en una situación de nervios o vergüenza. Sus pesquisas para un trabajo del cole la ayudarán a darse cuenta de que se trata de un hecho natural y que, si no se preocupa tanto por ello, conseguirá que sus mejillas no se enciendan por nada.

Algunos de estos libros pueden encontrarse en la web en imágenes o narrados por una persona. Pero es muy buena idea planificar en la rutina familiar un tiempo semanal dedicado a ir a la biblioteca pública más cercana y buscar los libros, cogerlos en préstamo y hacer alguna actividad familiar conjunta en torno a los temas que traten. Pueden verse más títulos en el apartado «Lecturas recomendadas».

Actividades de expresión

Se ha afirmado que las niñas y niños tímidos tienen dificultades para expresar sus sentimientos, emociones y opiniones, por lo que parece aconsejable plantear distintas actividades que ayuden a desarrollar estos aspectos deficitarios y/o inadecuados. Entre ellas se consideran las actividades de expresión oral, corporal, musical y manual.

1. **Marionetas y caretas**. Son elementos que motivan la comunicación y favorecen la expresión de sentimientos y la identificación con los personajes, sobre todo con niños pequeños. Pueden hacerse de los protagonistas de los libros de literatura infantil que lean. Por ejemplo: «El cocodrilo tímido» o «Mimí tomatito».

2. **Dramatización y mímica**. Consiste en representar situaciones adoptando distintos papeles y cuidando además la expresión facial y corporal. Por ejemplo:
   - Escenificar un diálogo entre una niña tímida y otro niño que le ayuda a superar la vergüenza.
   - Debes saludar a un vecino nuevo y te da mucho apuro. Consigues poco a poco superarlo y lo haces bastante bien.
   - Dramatizar situaciones rescatadas de los libros de literatura infantil y juvenil que se hayan leído y que sean interesantes.

3. **Historias y narraciones**. Inventa, adapta y/o reinterpreta historias de modelos positivos con protagonistas (que también pueden ser animales), que tienen características semejantes a tu hijo, que tienen dificultades y conflictos, pero que, poco a poco, con esfuerzo,

perseverancia y ayuda de los demás, salen adelante y van resolviendo los problemas y mostrando pensamientos, emociones y conductas positivas. Se pueden además ilustrar las historias con fotos, recortes de revistas o *collages* hechos en conjunto.

También se puede inventar la historia entre todos. Hay que decir un par de frases cada uno y pasar el turno a la persona que está a la derecha. Empieza la madre:

- «Había una vez un niño de siete años que vivía en una gran ciudad. El niño, que se llamaba Enrique, era muy tímido. Ocurrió un día que…».
- «En un pueblecito muy pequeño, había una vez una niña de ocho años, rubia, muy guapa y muy cariñosa que era muy vergonzosa. Un día...».
- «En un bosque cercano a la ciudad había una familia de conejos que vivía... El más pequeño era un conejo blanco, muy blanco, llamado...» (y dice el nombre del niño tímido).

4. Hablamos:
   - Hablamos hasta entendernos.
   - Contar anécdotas, chistes, algo gracioso.
   - Tengo una pregunta para ti.
   - Hay una cosa que te quiero decir.
   - Felicito, critico, me quejo, propongo…

5. Expresión corporal:
   - Estiramientos: toca estirarse.
   - Respiraciones: respiramos juntos.
   - Tiempo de masajes. ¡A relajarse!
   - Caminatas y excursiones.

6. Expresión emocional. ¡Qué emoción!
   - Nombramos nuestras emociones.
   - Emociones que duelen.

- La silla de la tranquilidad.
- El rincón del enfado.

| Alegría | Tristeza | Enfado | Miedo | Asco | Sorpresa |

7. Nos queremos y nos cuidamos:

- Vitaminas A, B y C (abrazos, besos y caricias).
- Unos pocos piropos. Remarcando cosas positivas de los demás.
- Gratitud: te doy las gracias porque… Os agradezco…
- Poner pósits con cosas positivas en el espejo, en la mochila…

8. Música, refranes, rimas y poesías:

Se aconsejan en este epígrafe poesías, rimas, ripios y canciones, actividades que suelen resultar muy atrayentes y divertidas para niños y preadolescentes. Los siguientes son ejemplos:

- Cantamos juntos.
- Te dedico una canción.
- La canción de la semana.
- Analizar la letra de una canción.
- Poner letra a una música.
- La hora del baile: ¡A bailar!
- Escuchando música juntos.
- Hacer un rap con letra alusiva a un tema elegido.

Es aconsejable utilizar letras que se refieran a alguna de las dificultades de tu hijo. En algunos casos los propios chicos y chicas inventan las rimas y letras, como en el siguiente ejemplo, creado por una chica tímida.

«RAP DE LA TIMIDEZ»

No quiero ser tímida, NO, NO, NO.

Quiero hablar con mis compañeros, y estar siempre con ellos.

Yo quiero reír, yo quiero bailar,

y que la vergüenza, ¡¡me deje ya en paz!!

No quiero ser tímida, NO, NO, NO.

Voy a luchar, me voy a esforzar,

y si no me sale…, ¡pues vuelvo a empezar!

No quiero ser tímida, NO, NO, NO.

Ánimo chica, lánzate ya,

no esperes más tiempo, empieza a bailar.

Comentarios finales

¡Enhorabuena!, has llegado al final del libro. Esperamos que la lectura y las actividades sugeridas te hayan resultado interesantes, y que lo aprendido pueda serte de utilidad en el propósito de ayudar a vuestro hijo tímido.

Te invitamos a que inicialmente te propongas sencillas metas y progresivamente vayas poniendo objetivos más complejos. Y siempre con buena actitud, ánimo, entusiasmo y expectativas positivas de que las cosas van a mejorar. ¡Disfruta en el proceso!

Por supuesto que hay que tener paciencia, constancia y persistencia, pero ¡no te desanimes!, los cambios no se producen milagrosamente, pero ten la seguridad de que sí ocurren. Y, además, ¿qué mayor recompensa que haber contribuido a mejorar la calidad de las relaciones interpersonales de tu hijo y a disminuir su malestar? Tu hijo tímido o tu hija vergonzosa te lo agradecerán.

Lecturas recomendadas

Méndez, F. X. (2025). *¡Tengo miedo! Guía práctica para superar los miedos infantiles.* Pirámide.

Monjas, M.ª I. (2001). *La timidez en la infancia y adolescencia: Evaluación, tratamiento y prevención.* Pirámide.

Monjas, M.ª I. (2002). *Programa de enseñanza de habilidades de interacción social (PEHIS).* CEPE.

Monjas, M.ª I. (2024). *Guía: El niño mandón + Cuento: El gallo Pimpón.* Pirámide.

Moritz Rudasill, K. y Coplan, R. J. (2018). *Tímidos, introvertidos, vergonzosos comprender y acompañar en la escuela y en la familia.* Narcea.

Olivares, J. y Olivares, P. J. (2008). *Timidez.* Nova Galicia.

Zimbardo, P. G., y Radl, S. (1985). *El niño tímido.* Paidós.

Literatura infantil y juvenil

Andrés, J. C. y Urberuaga, E. (2021). *Carlota no dice ni pío.* NubeOcho.

Anegón, T. y James, J. (2022). *¡Más alto, Leonard!* Dorling Kindersley.

Berrocal, B. (2013). *Tengo un dragón en la tripa.* Everest.

Cardona, M. (2020). *Capaz.* El Dodo Lector.

Chien, A. (2019). *Las emociones de Gastón. Soy tímido.* Bruño.

Chiu, G. (2020). *Telmo es tímido.* SM.

Ciraolo, S. (2021). *Los tímidos.* SM.

Drago, F. Z. (2020). *Gustavo, el fantasma tímido.* Edelvives.

Freedman, D. (2017). *Tímida.* Bruño.

Lecturas recomendadas

Freeland, C. A. y Toner, J. B. (2024). *¿Qué puedo hacer para vencer mi timidez?* TEA.

Gil, C. y Campos, A. (2008). *¿Por qué enrojecemos como tomates?* Parramón.

Hargreaves, R. (2017). *Miss Tímida.* Laberinto.

Jacksin, J. S. y Alley, R. W. (2007). *Cuando soy tímido.* San Pablo.

Kiss, K. (1998). *¿Qué hace un cocodrilo por la noche?* Kókinos.

Lembcke, M. (2016). *Susana Ojos Negros.* SM.

Macías, P. y Gaudes, B. (2023). *La timidez de Ana.* Cuatro Tuercas.

Mateos, P. (2003). *Molinete.* SM.

Mazo, M. del y García, E. (2021). *Valeria.* Cuento de Luz.

Milbourne, A. y Gilland, A. (2024). *Me da (un poco de) vergüenza.* Usborne.

Miyakoshi, A. (2013). *Concierto de piano.* Ekaré.

Monloubou, L. (2013). *Mimí «Tomatito».* Bruño.

Monreal, V. (2005). *Timidez.* Gaviota.

Perona, U. (2023). *Lisa tiene miedo a hablar.* ECU.

Prats, J. de D. (2003). *Los patines de Sebastián.* La Galera.

Rius, R. (2005). *Pablo no quiere estar solo.* SM.

Rowland, L. y Bowles, P. (2020). *Las palabras mágicas de Wanda.* Edelvives.

Soler, A. (2022). *Tengo un nudo en la barriga.* B de blok.

Townson, H. (1992). *La fiesta de Víctor.* SM.

Villanueva Rivero, C. (2023). *La tortuga Taratuga es tan tímida que parece muda.* Fortuna.

Wells, R. (1997). *Carlos el tímido.* Espasa Libros.